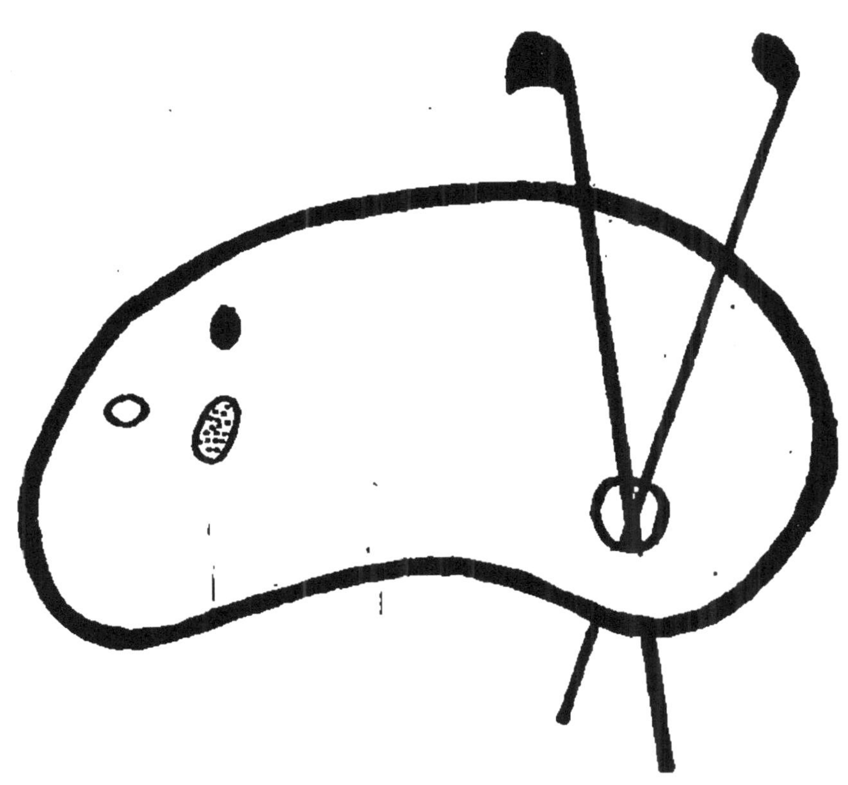

DEBUT D'UNE SERIE DE DOCUMENTS
EN COULEUR

témoignage de Sympathie
à Melle Bosquet.

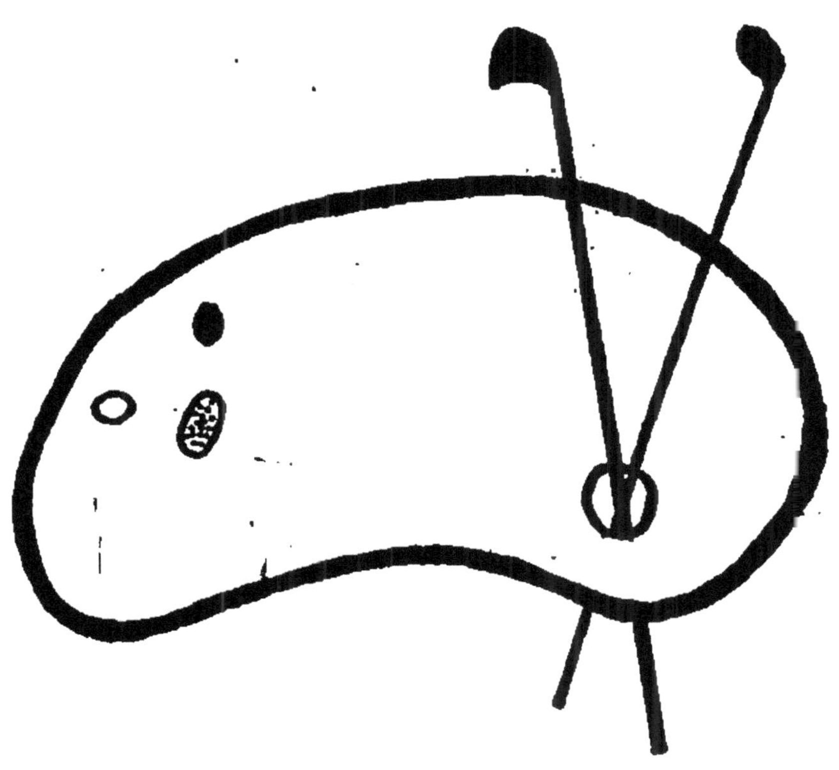

FIN D'UNE SERIE DE DOCUMENTS
EN COULEUR

# VOYAGE AU CAIRE

ET

## DANS LA HAUTE-ÉGYPTE

PAR

ELIE RECLUS.

Le Caire, 22 novembre.

Ce n'est pas sans difficulté que nous avons trouvé un hôtel. Celui qui nous héberge est flambant neuf, si neuf qu'il n'est pas encore terminé ; construit exprès pour les fêtes, personne n'y avait encore couché. Nous l'étrennons. Malheureusement les meubles qui sont censés le garnir ont été expédiés à Suez. Cependant nous avons un bon lit et un dîner excellent. Pas d'autre eau que la boue du Nil, mais les meilleurs vins de Champagne et de Bordeaux à discrétion. A une heure du matin, nous nous rendons au bal donné par le Vice-Roi — mesquine affaire à côté de celui d'Ismaïla. Je ne parle pas du souper qu'on me dit avoir été très-fin, mais l'assistance était fort peu nombreuse ; à un moment, je n'ai vu que quatre à cinq couples de danseurs dans une salle beaucoup moins orientale que celle de l'établissement Bullier, à Paris. Mais, à côté des salons, sont tendues de magnifiques tapisseries en soie ; une combinaison de style moresque et de style Louis XV, tout ce qu'il y a de plus riche et de plus compliqué en arabesques de lignes et de couleurs. Rien vu du Khédive. Mais on rencontre M. Abarsuza, député aux Cortès, un orateur comme il y en a peu, même en Espagne. Après une heure et demie de promenade, je

1

sors et enfourche le premier baudet venu. L'âne n'a pas besoin qu'on lui dise que le Frank demeure à l'Esbekieh, il file tout aussitôt, trottinant allègrement au clair de lune le long de la chaussée déserte. Vingt minutes après, j'étais sur la place, d'où il n'était pas bien difficile de se diriger vers l'hôtel Auric. Après vingt-deux heures en steamer, en bateau, en wagon, à âne, sur le Canal, sur la Mer Rouge, au bal et au désert, il était bien temps de se reposer.

Quand je me réveillai, il était encore matin. Je regarde par la fenêtre, je me promène sur le balcon. C'est bien ça. Oui, nous sommes en Orient; oui, c'est bien l'Égypte. En face, Boulac avec ses minarets et ses cheminées de fabrique; côte à côte, ses maisons de boue noire, et ses mosquées blanches ou rayées de rouge ou de vert, comme de grandes pièces d'étoffes séchant au soleil. Voilà des locomotives avec leur panache de vapeur. Voilà des voiles blanches se mouvant lentement à travers les massifs de verdure qui nous cachent le Nil. Tout près, à trois cents pas seulement, une avenue de palmiers sains et robustes, élancés et superbes longe un canal dont les eaux reflètent un fellah bleu-clair sur une cariole avec un petit âne; une fellahine noire suit par derrière. Dans les jardins à côté, je vois des bananiers, des cactus, des mimosas, des saules pleureurs, des roseaux. Un vol de corneilles coasse de palmier en palmier; et, au-dessus de notre cour où un pauvre cheval est attelé à un manége, des faucons planent et tournoient lentement. Je vois leur bec brillant et crochu, je compte les plumes de leur rémige, et tiens! ne voilà-t-il pas une martre rousse, à jabot d'argent, qui se glisse et furète dans les gravats?

Le soir, illuminations. Quittant la grande place de l'Esbekieh, voyageur dans toute la fraîcheur de son noviciat, je tiens à parcourir, que dis-je! à découvrir le Caire tout seul. Et me voilà en zigzag errant dans des ruelles obscures, allant échouer contre des culs-de-sac, cheminant à travers une espèce de village avec jardins et vergers. Après une demi-heure de cet exercice, je finis par déboucher dans le resplendissant tumulte de la rue du Mouki, regorgeant de curieux et de flâneurs. Par endroits, des planches vont de toit en toit, auxquels sont suspendus des tapis et des cotonnades, des lustres, des lampes, des verres de couleur. C'est là surtout que la foule s'amasse. L'air retentit des cris d'âniers et des coureurs qui ouvrent le passage devant des voitures. Dans cette bagarre de Turcs, de Nègres, de Grecs, de Coptes, d'Arméniens, de fellahs, de voyageurs de toutes les parties du monde, à voir ces types, ces costumes divers, ces figures inattendues, je désespère de pouvoir classer de longtemps, dans ma cervelle, cette sarabande bariolée qui défile devant moi comme les dessins d'une lanterne magique. Renonçant à me former aucune idée nette du tableau, sans parti pris, je laisse aller mon corps au flot de la foule, mon esprit au flot des impressions.

Passe une charrette chargée de je ne sais quoi, traînée par un buffle noir portant sur ses cornes des cierges allumés. Passent caracolant sur leurs chevaux des eunuques noirs, escortant des voitures où sont empaquetés des masques roses ou bleus. Ce sont les harems ambulants d'opulents pachas. Nous voyons aussi des femmes du Vice-Roi, dans de superbes voitures. Celles-ci sont à peine voilées; ce qui fait beaucoup jaser parmi les Levantines, et ce qui est d'un grand scandale dans la gent prude et dévote. Au contraire, je vois à c'aque instant des fillettes de huit à dix ans à peine, qui sont hermétiquement voilées, et des spectres blancs et des spectres noirs comme des paquets de linge ou des sacs de charbon. Ça n'a pas l'air svelte du tout, — on sait qu'elles ont des pantalons, plusieurs robes les unes par dessus les autres, et des voiles par dessus, — à leur démarche pesante, on dirait des oies trop grasses. Pour ce qui est de la rue au moins, et sans rien préjuger de ce qui se passe à l'intérieur, derrière les treillis des moucharabiés, l'homme est ici plus agréable à voir que la femme, avec un meilleur air et meilleure tournure, il est plus richement, plus gaiement, plus élégamment habillé. Cette différence entre mâles et femelles se retrouve dans maintes espèces d'oiseaux. En Europe, les peintres et poètes présentent des figures d'Orientales à nos regards ravis; ici, l'intérieur des cafés, les enseignes des parfumeurs sont encombrés d'images d'occidentales, anglaises, françaises, allemandes. La femme est la plus haute expression de l'idéal; l'idéal est ce qu'on n'a pas; donc on préfère toujours la femme qu'on n'a pas.

A côté d'une lithographie représentant quelque héroïne du Juif-Errant, Blanche, Marie ou la rousse Adrienne, une peinture persane représente le Schah cavalcadant devant ses officiers; un passant la montre à son compagnon et prononce le nom d'Iskander. J'en conclus qu'il voit dans cette image l'entrée à Babylone du grand sultan Alexandre de Macédoine.

Toujours en quête de scènes locales, je quitte Mouki, trop riche et commerçante, et je m'enfonce dans des quartiers plus populaires. Devant une maison de prostitution, il y avait encombrement. La rue avait été transformée en salon par de mauvaises tentures et de pauvres girandoles en fer-blanc. A un balcon faisant saillie, rigoureusement fermé par des rideaux de mousseline blanche, des femmes, de vraies serines dans une cage, pinçaient de la guitare et chantaient des chansons grivoises. De strophe en strophe, un loustic ripostait en battant des mains pour attirer l'attention sur ses saillies, et la foule d'applaudir par des rires francs et stupides.

Devant une caserne, un homme d'assez mauvaise mine simulait des pas d'almée, aux sons d'une flûte nasillarde ; avec un grand bâton et un mouchoir, gesticulant, se contournant, se tordant les reins, il nous donnait la représentation de la fameuse *Danse du Ventre*, que Gérome a révélée à l'Europe. A côté de moi, un pauvre diable grignotait une tige de canne à sucre, et s'interrompait aux passages les plus scabreux pour pousser de lourds grognements d'hilarité.

M'enfonçant toujours plus loin, à travers des rues sombres, j'aboutis enfin à une place parfaitement obscure et déserte. J'avais dépassé les confins de la fête, il était vers minuit, temps de rentrer. Je rebrousse chemin, ne rencontrant guère sur mon passage que des gens s'en retournant chez eux, tous parfaitement sobres. Quoique Franc, quoique infidèle, je ne trouvai partout que politesse et complaisance, sauf un seul moment où, du sein d'une bande joyeuse, je fus salué par une apostrophe en ma langue maternelle : «Sacré nom d'un chien! » C'était évidemment le résultat le plus net du contact avec notre race civilisatrice. A Londres, à la même heure, soir de fête ou non, un Français aurait eu grand tort d'aller ainsi devant lui à l'aventure ; à Marseille, à Hambourg, à Malaga, à Athènes, et en général, dans une grande ville chrétienne, l'étranger solitaire et supposé riche eût, certes, couru plus de risques. Par-ci, par-là, quelque boutiquier sur son banc récitait ses prières. D'autres faisaient leurs génuflexions et leurs interminables salamalecs dans la rue même, sans se laisser gêner en rien par les allants et les venants ; dans un coin, une vingtaine de dévots, accroupis sur leurs tapis, chantaient leurs litanies ; avec leur tête branlante, on eût dit une assemblée de magots de Chine.

Les lampes se sont éteintes, les bougies ne brûlent plus que par places. L'un après l'autre, les « Arabes de la rue » s'enveloppent la figure dans leur burnous de camelotte, et s'étendent le long des maisons. Le trottoir d'Esbekieh en est déjà parsemé. Les chiens eux-mêmes au milieu de la rue dorment d'un sommeil tranquille. — Allons en faire autant.

23 janvier.

La cour de l'hôtel donne sur un canal qui arrose une plantation de palmiers et d'oliviers, ombrageant de petits carrés où l'on cultive du trèfle et d'autres plantes vertes. Une sakhia est en pleine manœuvre, je vais la voir fonctionner de plus près. C'est un pauvre cheval efflanqué faisant tourner un manége horizontal, engrenant sur une roue verticale à laquelle sont attachées des cruches qui s'emplissent en bas, et en haut se déversent dans une auge. C'est primitif, très-simple, et fort mal entendu. Il y a de l'eau qui se déverse dans l'auge, mais il y en a qui tombe à côté, qui tombe devant, qui tombe derrière. Un grand flandrin rêvasse sur un tronc renversé, il se réveille pour allonger un coup de gaule à la misérable rosse qui tressaute dans son collier, monte une douzaine de seaux, et en perd quatre ou cinq. Le tiers du travail de la pauvre bête est perdu, tout comme s'il s'agissait de la corvée d'un fellah. En économisant ce tiers, l'animal mieux nourri ferait double ouvrage.

En me retournant, je m'aperçois que ce que j'avais pris pour des fumiers est un village. C'est bâti avec de la boue et ne se distingue point d'avec la boue ; sur quelques bâtons formant toit, on a jeté des pailles ; des dindons s'y promènent ; des poules y picorent. Des cheminées, il n'est pas impossible d'en trouver, mais elles sont fort rares. — Il faut se courber pour passer par la porte, le plafond est à hauteur d'homme. A côté un petit enclos, non couvert, renferme, sans les abriter, un âne, deux ou trois chèvres et quelquefois un bœuf de labour. Dans la cahute une table, des escabeaux, une lampe, un disque en terre ou en métal pour enfourner les galettes, deux ou trois marmites — et c'est tout. De lits, point. En fait d'armoires, des trous dans la muraille. Tous ces trésors sont fermés par un loquet en bois. — Les termites blanches sont certainement mieux logées, les villes des chiens sauvages dans les prairies d'Amérique ont meilleur aspect. « Voilà, » pensai-je, voilà où demeurent les braves gens auxquels tu dois d'avoir été invité; voilà ceux qui paient la somptueuse hospitalité qui t'est offerte. — Tu sais ce qu'ils ont fait pour toi, que pourras-tu faire pour eux? »

A la porte d'un de ces gourbis, une femme était étendue, la tête renversée dans le sein d'une amie qui l'épouillait tranquillement. Des crottins étaient auprès et pas de chèvre seulement. Un aveugle — ici on rencontre toujours un aveugle — se faisait conduire par un enfant. Je fis quelques pas, et j'entrai tout à coup dans les secrets de la fabrication du combustible; car il n'y a pas de forêts en Egypte, où le sol est trop précieux pour être employé à donner du bois. — J'ai vu vendre déjà de la houille à des ménagères, mais par quantités si petites, que j'ai auguré qu'elle se vendait cher. On cuit son pain avec de la bouse de vache et d'autres déjections que les enfants vont ramasser par les rues. Le crottin jeté dans de petits trous ronds est délayé avec de l'eau. Devant moi, une fellahine pétrissait le compost en une boule ronde comme l'œuf de Knef; dans la pâte verdâtre elle plongeait ses mains, les enfonçait jusqu'à ses bracelets d'argent; avec des mouvements rapides et délicats, elle maniait les boulettes sur un pilot de poussière, puis les aplatissait et les collait contre la muraille. Bien séchées, ces galettes s'empilent comme fromages avec la marque des cinq doigts imprimée à leur partie supérieure. — Un garçon aidait sa mère dans cette besogne, je lui donne batchich pour l'encourager; aussitôt un autre garçon sort de terre, réclamant batchich lui aussi, — une minute après, je me vois entouré d'une demi-douzaine de fellahines, vieilles et jeunes, les unes allaitant des poupards, aux chevilles desquels étaient entortillés des fils de fer, faute d'anneaux d'argent. Aucune n'était voilée, leurs dents étaient d'une éblouissante blancheur — on dit que les plus belles quenottes du monde sont en Egypte — je remarquai que la peau brune porte admirablement la crasse. « Batchich, batchich ! » me criaient-elles. Prenant alors une pièce d'argent, je la déposai à leurs pieds, et m'éloignai après un salut comme celui de Walter Raleigh devant la reine Elisabeth.

Chemin faisant, je ruminais un problème d'économie politique : « Est-ce que les protectionistes d'Egypte, vont protéger mordicus l'industrie nationale du crottin, contre l'invasion des charbons anglais? »

Il est une heure après-midi, il fait bon soleil, je m'enveloppe de mon manteau pour ne rien perdre de la chaleur, et je sors à la découverte.

Du côté de la gare, il se tient toujours comme une foire, je muse dans ce brouhaha, et de groupe en groupe, je m'engage dans la route poudreuse de Boulac où je tombe sur un cortége. Trois hommes marchaient en avant, l'un avait en main une longue pipe. Un garçon de dix ans, monté sur un bourriquet, maintenait devant lui une fillette de sept. Au milieu se tenait un vieillard, portant sur la tête un objet singulier, qui me parut d'abord avoir la forme d'un chameau ou plutôt d'un sphinx : quatre petits bâtons pour jambes, long corps et très-long cou — c'était enveloppé de châles et de cachemires; d'une calotte en velours violet, s'échappaient des tresses en soie jaune et des cordons noirs auxquels pendillaient des sequins. — Plus de doute, l'objet singulier était une bière avec le corps d'une petite fille. — Je rebrousse chemin, et entre dans les rangs.

Un individu assez bien mis agissait comme maître de la cérémonie qui avait réuni une cinquantaine de personnes, vingt hommes et trente femmes. Il profita du premier passant pour allumer sa cigarette. Les hommes avait entonné une cantilène grave, mélancolique, mesurée, qui ne discontinua pas. Quant aux femmes, elles poussaient des hurlements désordonnés, que la fatigue faisait mollir pendant quelques minutes, mais qui reprenaient ensuite avec une vigueur nouvelle. Une grande fille bien découplée marchait derrière le corps, gesticulait avec une ceinture jaune dénouée, et gémissait plus fort que les autres.

La procession faisait le tour de la ville. Après une heure de marche, nous arrivons au cimetière, endroit triste et même sinistre. Au pied d'une colline fauve, en dessous de rocs arides s'étendait le champ des morts, sans un atome de verdure, rien que du sable, du sable, des tables de pierre, et ça et là quelques cahutes et chapelles en boue. Un arbre avait vécu là autrefois, mais, écorcé, ébranché, depuis une génération ou plus, il n'était plus lui-même qu'un hideux squelette végétal.

A côté d'un oratoire, dans la poussière et les platras, un fos-

soyeur creusa en un rien de temps un trou dans lequel on déposa
le corps raidi, enveloppé d'un suaire de coton rouge, attaché par
des bandelettes blanches. Alors la mère, puis telles autres parentes s'agenouillaient devant la fosse, adjurant la morte de dire
pourquoi elle s'en était allée, la conjurant de revenir. A ces cris de
désespoir les femmes répondaient par des vociférations, les hommes
se taisaient. Enfin, un porteur d'eau s'approcha, et, délayant un
peu d'eau dans la poussière, il jeta une pelletée de boue sur le corps.
Les assistants, ramassant de petits cailloux, les firent suivre ; puis
après quelques pelletées du fossoyeur, tout fut fini. On entendit encore quelques gémissements des femmes ; et le cortége se disjoi-
gnit, chacun se retirant vers sa maison d'un pas plus ou moins
rapide, et par le chemin le plus court. J'avais assisté à un enterre-
ment du pauvre.


25 novembre.

A la jetée de Boulac, je vis enfin le Nil — moins large que je
n'aurais pensé. Comme nous sommes encore dans l'inondation, il
emplit ses rives, dont la masse noire s'élève de deux ou trois mètres
au-dessus des eaux sales et bourbeuses vues de haut, laiteuses
et argentées quand on les regarde sous la réflexion des nuages
d'argent. Le ciel est brumeux et voilé, mais il fait chaud. En face
du palais de Choubra, le jardin zoologique, le harem et le jardin des
plantes ; plus loin par dessus des ifs et des palmiers, émergeant de
l'horizon bleu, surgissent les pyramides. — La plus ravissante des
bergeronnettes est venue me voir ; elle s'est posée sur la jetée, à
trois pas ; charmante, sautillant par-ci, sautillant par-là, avec ses
yeux noirs dans une tête blanche, une gorgerette en satin noir
sur une robe grise frangée de velours. Après avoir hoché de la
queue, une minute ou deux, devant mes yeux charmés, la petite
coquette alla se faire admirer ailleurs — et je quittai la place après
elle.

Errant à travers la ville, enfilant au hasard les rues, j'étudiais
le spectacle toujours nouveau pour moi d'une ville arabe. Et cependant Boulac est un des endroits de l'Égypte par où la civilisation occidentale s'est ouvert une des plus larges portes. Magasins
de houille, fonderie de canons, raffineries de sucre, usines à vapeur et à gaz, dans les boutiques, quantité d'articles d'Europe. Plus

d'une fois j'ai entendu résonner à mes oreilles les jurons de ma patrie ; mais je me plaisais davantage à écouter le babil des moutards, coiffés de cônes en feutre roux, agrémentés de houpettes jaunes et roses.

Une mosquée, servant aujourd'hui de magasin pour bois du Nord, me sembla très-belle. Elle était en ruines, ce qui pour tous les monuments d'architecture, et spécialement pour les édifices consacrés à une religion, est un avantage : l'esprit dégagé de toute préoccupation d'actualité, est plus porté à la bienveillance. Rien de plus simple, rien de plus grand non plus, que ces masses cubiques, surmontées de plusieurs demi-globes, avec une ou plusieurs colonnes élancées. Rien de plus simple, mais ces surfaces carrées sont ornées d'arabesques élégantes, teintées d'une nuance qui plaît à l'œil, rose tendre, ou bleu délicat. Les voussures de la grande porte et des corniches s'illuminent, au contraire, de couleurs éclatantes, on dirait leurs stalactites taillées dans des blocs de pierres précieuses. On a beaucoup admiré nos cathédrales gothiques, on a dit que leurs tours étaient des doigts montrant le ciel, — des prières cristallisées — mais comme elles sont lourdes à côté de ces colonnettes blanches montant comme une fusée jusque dans le ciel bleu ! Tout en haut des minarets, je voyais une douzaine de bâtons disposés tout autour... « Pourquoi, ces bâtons ? » demandai-je à un Italien qui passait. — « Signor, ce sont ces imbéciles de Musulmans qui les mettent pour que les pigeons et les cigognes s'y reposent. »

De ruelle en ruelle, je me trouvai en face de vastes étangs formés par la dernière inondation ; au milieu s'avançait une chaussée haute d'une douzaine de mètres, formée par des ordures y entassées depuis plusieurs siècles. Je monte au milieu des gâteaux de crottins séchant au soleil, non sans déloger une bande de chiens.

Paysage curieux et inattendu. Les marais sont parsemés d'îlos, de roseaux et de coneferves vertes ; aux bords, des rangées d'arbres se reflètent dans le miroir tranquille. De petites digues aboutissent à une ferme peinte en jaune, entourée d'ifs et d'acacias lecbers. Au-dessus des cheminées, des mâts et des palmiers se profilant dans un ciel jaune et verdâtre. Le soleil brumeux jette dans l'étang une vaste traînée brillante. De l'autre côté les édifices du Caire, ses minarets, le tombeau des Califes, l'imposante masse du mont Mokhattan qui domine la vallée.

A mesure que les brumes se font plus violettes, et que le soir se

fait nuit, l'étang s'anime, les oiseaux d'alentour s'y viennent réfu-
gier; des grues tournoient dans l'air, des oies, des canards sauvages. Au-dessus des roseaux frémit et palpite un vol de hérons.
J'aperçois ces êtres adorables qu'on appelle de petits vanneaux;
— 'après avoir nettoyé une charogne méprisée par les chiens,
des corbeaux vont se percher dans un mimosa.

Il fait nuit, rentrons chez nous.

28 Novembre.

Nous partons pour les Pyramides par une matinée superbe, ga-
lopant à travers le vieux Caire, si intéressant pour le peintre, l'his-
torien et le curieux de mœurs. En regardant les perchoirs au sommet des minarets, la charmante anecdote sur l'origine de la cité
me revenait en mémoire : Amrou, un des grands apôtres de l'Islam,
celui qui conquit l'Egypte, campait avec son armée sur l'emplace-
ment de la capitale actuelle. Dans sa tente, une colombe vint se
poser, et, pondant son œuf, elle couvait. Pour que sa nichée ne pérît
point, le capitaine lui abandonna sa tente. Quelques mois après, les
soldats victorieux, retournant de la conquête d'Alexandrie retrou-
vèrent la tente de leur général, et en firent le centre de leur citadelle. De là, le nom du vieux Caire, *Fostât*, ou la tente. — Histoire
ou légende, il importe peu, *ce racontar* me fait aimer le souvenir
d'Amrou. Si conquête fut légitime, ce fut celle de l'Egypte par
l'Islam. A vrai dire, ce ne fut pas une conquête, ce fut une prise
de possession. Omar et Amrou, moins conquérants qu'apôtres, en-
vahirent un pays qui, épuisé par la moinerie chrétienne et la mal-
administration byzantine, semblait les attendre. Les Arabes livrè-
rent des batailles et remportèrent des victoires, il est vrai, mais ils
convertirent la nation en masse, et la nation est restée convertie;
car, s'il est un peuple qui croit à sa religion, c'est l'Egyptien.

On se demande, si sur le Bosphore il peut y avoir des jardins
mieux situés que ceux de l'île de Rouda.

Le Nil traversé, nos baudets, toujours trottinant allégrement,
nous mènent jusqu'au pied des Pyramides, à travers une campagne encore à moitié inondée. La dernière crue a été très-
forte, et même désastreuse en certains endroits. — Nos âniers nous
montraient des ruines de villages; le fleuve avait, en un rien de

temps, délayé ces cahutes de boue; les masures s'étaient écroulées
sur les paysans noyés en grand nombre. — Cette matinée, il n'y
paraissait plus. Déjà le blé germait à côté des fellahs labourant,
soit avec un âne et un chameau, soit avec deux bœufs attelés à
trois ou quatre pas de distance l'un de l'autre. Çà et là, des loco-
mobiles pour épuiser l'eau, ou rendre je ne sais quels services
agricoles. — J'en ai vu deux à moins d'un kilomètre du Sphinx.
Ce qu'il y a de plus antique et de plus moderne au monde, fait de
l'Égypte un spectacle curieux, et donne lieu à des contrastes bi-
zarres et inattendus.

Au pied des Pyramides, nous attendaient une multitude de Bé-
douins, pour nous offrir leurs services. J'aurais voulu monter tout
seul; mais crier, se fâcher, se mettre en colère, cravacher des
gaillards trois fois plus forts que vous, qui se laisseraient battre,
ce n'était point mon affaire. Je pris deux hommes dont la figure
me plut. A peine les avais-je désignés du doigt, que, bon gré malgré, l'un m'empoigne à droite, l'autre à gauche, et nous voilà
enjambant les gradins. Enjamber est le mot, quand il s'agit de
marches ayant 1 mètre de haut. Au bout de cinq ou six mouvements, je sens un regrettable craquement dans mon vestiaire.
Mes hommes grimpaient comme des chats ; si je ne suivais pas
assez vite, ils m'enlevaient à force de poignet; une ou deux fois
j'eusse voulu souffler un peu, sous prétexte de regarder le paysage,
mais je n'y parvins pas. J'arrivai le premier de notre bande, mais
exténué. Tout seul, j'eusse fait l'ascension en deux fois plus de
temps et quatre fois moins de fatigue.

De mon observatoire, haut de 137 mètres, la ligne d'horizon
formait un cercle presque parfait, un peu surélevée seulement par
les monts d'Arabie et de Libye. Jusqu'au pied, ou à peu près, de
notre pyramide, celle de Chéops, s'étendent les cultures aux deux
côtés du fleuve, qui, avec ses îles, ses branches et ses canaux, est
la grande artère, ou, mieux encore, la colonne vertébrale de
l'Égypte. On dirait un immense serpent long de mille lieues qui se
roule dans les sables. Des teintes brunes, vertes et violettes,
estompées par la distance, les minarets blancs du Caire, indiquent
les campagnes et les demeures humaines. Une vie bigarrée est entourée et comme assiégée par le morne désert. Les dunes fauves,
les collines noirâtres et caillouteuses se fondent dans une masse
uniforme, comme les vagues agitées disparaissent dans la vaste
étendue de la mer. L'œil se brûle à regarder le désert comme

il se brûle à regarder dans une fournaise, et cependant il y revient
toujours ; il revient aussi à la grande pyramide en face de nous,
celle de Chéfrem, il revient aux pyramides de Zakhara, dans la
distance lointaine, il revient à l'étang dans lequel se trouve im-
mergé Memphis, qui fut jadis la capitale du monde, 25 siècles avant
Babylone, laquelle Babylone existait elle-même 25 autres siècles
avant le Paris de la révolution française. Ici des tombeaux, là, une
ville qui a juste mille ans, et pas six mois de plus. Sous ces palme-
raies, qui, à cette distance, ressemblent exactement à de maigres
prêles, vivent, dans des cahutes de terre, des hommes qui ont
leurs joies et leurs douleurs. Certes, c'est du haut des Pyramides,
qui contiendraient plusieurs cathédrales et qui seront encore so-
lides et inébranlables, quand les plus fastueux monuments de notre
civilisation et de notre religion ne seront plus que poussière, c'est
du haut des Pyramides qu'on peut le mieux contempler l'existence
humaine. — Combien semble petite alors une armée française se
battant avec une armée de mamelouks !

Il fallut redescendre, comme une cataracte, sautant de roche
en roche. Puis nous visitons l'intérieur. Avec des souliers glissants,
j'avais à monter des couloirs de marbre poli ; sans l'assistance
de mes Arabes, je ne m'en serais jamais tiré — mais ils me poussaient par devant, par derrière, ils m'appelaient Bonaparte, pour
me flatter. — Nos chandelles ne nous montraient que les ténèbres
d'Égypte, il faisait plus noir que dans un four, chaud comme
dans un bain de vapeur. On étouffait. Enfin, nous arrivons au
cœur de la montagne, une petite chambre formée d'énormes quartiers de granit, au milieu, un grand sarcophage noir et vide —
et c'est pour ce cercueil, que cent mille hommes ont travaillé pendant trente ans.

Après tous ces efforts, nous avions bien gagné un dîner que
nous prîmes à la hâte ; nous distribuâmes les victuailles de surplus
à nos ânes et à des mendiants. Comme la générosité est douce,
quand elle ne coûte rien !

Nous visitons un temple avec d'énormes blocs de granit, puis un
sépulcre, un vaste puits de dix mètres de carré, de vingt-quatre
mètres de profondeur, tout au bas duquel on voyait sortir l'extrémité supérieure d'un sarcophage. Emergeant du sable, une grande
figure noire vous regardait : Je croyais avoir mis assez de pierres,
assez de charretées de sable sur mon corps. Que viens-tu me trou-
bler à soixante-dix pieds sous terre !

J'ai vu le sphinx ; c'est vraiment une énorme bête de soixante
mètres de long, de soixante pieds de haut. C'est une figure
d'homme sur un corps léonin, aussi les Arabes l'appellent le Lion
de la nuit. Les Mamelouks l'ayant pris pour cible de leurs fusils,
dans leurs jeux d'adresse, il a perdu le nez et une partie de la joue;
mais, quoiqu'affreusement mutilé, il a gardé un aspect de grandeur
souveraine. M'asseyant en face de lui je l'ai regardé ; je l'ai inter-
rogé à mon tour : « Que sais-tu ? voyons ? Depuis que le roi Chéfrem
t'a placé en avant de sa pyramide, tu as vu passer bien des nuages,
passer longtemps les flots du Nil, contemplé nombre de soleils levant. Autour de toi les dunes se forment, se déforment et se
reforment ; grains de sable après grains de sable t'ont passé par
dessus ; ils t'ont rongé le corps, rongé les pattes. Tu as vu mourir
Memphis et naître le Caire, tu as vu quantité de dynasties, de peu-
ples, de races, d'invasions, de religions, de philosophies. Depuis
le temps que tu regardes, que tu réfléchis, tu dois en savoir beaucoup. Personnification du secret de la nature, symbole de la science
et de la puissance, que dis-tu ? »

Et le grand œil du sphinx contemplait toujours. Par dessus le
sable du désert, par dessus les semailles et les moissons, par dessus les flots du Nil, par dessus les toits et les cimetières de la
grande ville, par dessus la montagne arabique, il plongeait dans les
profondeurs du ciel bleu. Et soudain la pensée me vint : « Pas de
secret mieux gardé que celui qu'on ignore. Le mystère n'est mystère que parce qu'il ne se comprend pas lui-même. Le sphinx ne
serait plus un être fait d'ombre s'il avait en lui un rayon de lumière. Il n'en sait pas plus que nous. Tous, tant que nous sommes,
nous cherchons, nous cherchons toujours; les uns savent des
mots, mais n'en comprennent pas le sens; les autres ont l'idée, mais
ils n'en trouvent pas l'expression. »


29 novembre.


On m'apprend ce matin que le Khédive met à la disposition de ses
invités des bateaux pour la Haute-Égypte. Y va qui veut, on n'a
besoin que de se faire inscrire. Allons-y gaiement.

Aujourd'hui pour la première fois j'entre dans une mosquée;
mais il était déjà tard, j'étais pressé, je n'étais pas seul, je man-

quais par conséquent du recueillement nécessaire. Une architecture, une religion, le génie d'un peuple, ne se révèlent pas au regard distrait. L'esprit général d'une mosquée, tel que je puis le comprendre par ce premier édifice, est celui d'un carré ouvert qui reçoit directement la lumière du ciel. Ce carré est entouré d'une ou plusieurs rangées de colonnes ; au dehors règne une galerie quadrangulaire, c'est le parvis extérieur. Trois carrés l'un dans l'autre. Pour mettre le pied sur les dalles de marbre blanc et noir de l'entrée, il fallait ôter ses souliers, moins pour ménager la propreté du lieu qu'auraient pu souiller les ordures et la poussière de la rue, que pour conseiller au musulman d'oublier pendant une heure les soucis et les vilenies de la vie quotidienne. Ici de riches et splendides fontaines, auxquelles chacun peut boire, mais qui servent principalement aux ablutions. Dans la religion de Mahomet c'est une vertu que la propreté. Ce qui m'a plu dans ce temple, c'est sa nudité splendide. Qu'y avait-il en dehors des pilastres nécessaires pour soutenir le toit? une modeste chaire du haut de laquelle on lit le Coran, — un enfoncement semi-circulaire dans la muraille, afin d'indiquer aux croyants la direction du tombeau du prophète, — sur les parvis, des arabesques en mosaïque qui charment le regard sans l'arrêter, — des nattes en place de chaises. La vacuité du lieu rafraîchit l'esprit et l'invite à la méditation. Si quelque chose peut donner à l'âme grandeur et noblesse, c'est la grandiose simplicité des mosquées. Tous les brimborions, meubles, tableaux, outils, jubés, statues, fauteuils, autels, orgues, candélabres dont on surcharge nos églises catholiques m'apparaissent en ce moment avoir la valeur de ces mille et un riens, potiches, bonbonnières, chinoiseries et souliers en porcelaine, dont nos jolies dames encombrent le dunkerque de leur salon. Il faut entrer dans une mosquée pour comprendre à quel point l'Islam a simplifié la religion chrétienne.

La plus riche mosquée du Caire est celle de Méhémet Ali ; mais la plus belle est celle du sultan Hussan, splendide, austère, grandiose.

Je ne puis voir celle d'El Azhar, l'université musulmane ; il faut, pour y entrer, des permissions spéciales que je n'eus pas le temps d'aller chercher. Les étudiants qui suivent les cours de droit et de théologie, sont au nombre de dix mille, nous dit-on, ils sont accourus de tous les pays où règne l'Islam, on les dit fanatiques.

L'immense mosquée de Touloun, antérieure même à la fondation du Caire, est, pour les archéologues, le monument le plus intéressant de la cité. Elle m'a intéressé moins par ses arcs ogivaux, par les archivoltes et les colonnes géminées, que par sa transformation en hôpital. Sur trois de ses côtés, les galeries, brodées d'arabesques délicieuses, ont été maçonnées et transformées en d'ignobles cahutes pour manchots, infirmes, idiots, aveugles, ladres. Les popotes que ces malheureux cuisaient au milieu de ces ordures me faisaient mal au cœur; l'immense édifice, grand comme un quartier de ville, était empuanti de cette vague et fade odeur de la misère sordide, qui me rappelait Londres, Paris, Lyon. — La question sociale me poursuivait jusque dans la mosquée de Touloun. On souffre donc dans ce pays du pittoresque?


30 novembre.


Journée perdue. On nous avait dit que le bateau partirait de Boulac à midi précis, il fallait donc se préparer en toute hâte. Arrivé à bord, on apprend qu'on se mettrait en route à quatre heures. Mais à regarder le *Férouch* (la Turquoise) que nous devons habiter pendant trois semaines, à savoir quels seront nos compagnons de nuit et de jour pendant cette longue période, à faire visite à la *Béhérah* qui doit voyager de conserve avec nous, impossible de rien écrire, et même de rien lire.

Parmi nos compagnons, deux peintres allemands, deux Romains, plusieurs journalistes de Naples et de Florence, de Copenhague, un correspondant du *New-York Herald*, deux barons prussiens, un professeur d'archéologie à Berlin; de la Suisse, un major, un fermier, un banquier. Le Férouch remorque deux dahabies; dans la première, Peruzzi, ex-ministre, madame Peruzzi, Negri et autres notabilités ou notoriétés italiennes; dans la seconde, le fameux *reporter* du *Times*, M. Russell, avec une suite d'amis et quelques misses à voile bleu et vert.

Dans la Béhérah, Hassan-Effendi, chargé par le vice-roi de mener notre expédition à bon port, le professeur Laveleye, un ou deux journalistes français, Lauser, de *l'Augsburger Zeitung*, plusieurs Allemands, plusieurs Belges. On remarque que la moyenne des passagers est beaucoup plus jeune que celle des invités à l'inauguration du canal de Suez. Sur cinq individus il n'y en a qu'un de marié, l'âge moyen est vingt-cinq ans. Nos doyennes sont deux Hollandaises, dont l'une, forte voyageuse, qu'on dit très-instruite, Sur le Férouch aucune dame à bord. Monsignor Bauer s'est embarqué dès le matin sur une dahabie à lui, avec une bande à lui, il est remorqué par un vapeur exprès.

A quatre heures le Férouch et la Béhérah lèvent l'ancre, ils naviguent pendant deux heures environ et s'arrêtent à la hauteur des pyramides de Zakhara.

Nous atterrissons, et, nous élançant sur des baudets, nous courons à travers la plaine, où fut Memphis, visiter le Sérapeum. Trois ou quatre ânes, parmi lesquels le mien, se piquèrent d'honneur, et, nous emportant au galop, laissèrent le reste de la bande à deux ou trois kilomètres derrière nous. Au crépuscule, nous fûmes accostés par deux individus que nous prîmes pour des mendiants; c'étaient deux guides que le *moudir* ou gouverneur avait postés dans un village pour le service de l'expédition. Sans mot dire, ils se mirent en tête de notre chevauchée; et, sans leur aide, je ne sais ce que nous eussions fait dans ces rochers et collines du désert, au milieu de la nuit noire qui ne tarda pas à nous envahir. Quand nous arrivâmes aux souterrains, nous les trouvâmes fermés par une porte solide; la clef était dans un village voisin. Force fut d'attendre un messager, qui fort heureusement arriva trois quarts d'heure après, avec le gros de notre bande.

L'hypogée du Sérapeum est la nécropole des Apis. Deux rues principales, se coupant à angle droit, renferment des excavations dans lesquelles on contemple avec stupeur des monolithes de cent mille kilogrammes, tombes qui naguère encore renfermaient des ossements. Nous allions dans le labyrinthe, errant avec nos torches dans la nuit souterraine, de sarcophage en sarcophage; ils sont en syénite noire, on y monte avec une échelle. C'est gigantesque et colossal, l'imagination en reste confondue.

Le tombeau de Ti, un grand personnage du premier Empire[1], contraste singulièrement avec la sépulture des Apis. A l'entour de sa chambre funéraire, le riche seigneur avait fait sculpter, sur les parois de plusieurs pièces, son portrait, ceux de madame Ti, du jeune Ti, son héritier, et de mademoiselle Ti. — Madame Ti, nous dit une inscription, se tenait devant son époux, gracieuse autant qu'un palmier, elle aimait son époux et en était appréciée. On la

---

[1] On appelle premier empire, la période la plus ancienne de la monarchie égyptienne.

voit à demi-agenouillée, embrassant la cuisse du seigneur Ti, qui est représenté debout et d'une stature colossale. Mais il ne faudrait pas en inférer que la femme égyptienne fut placée dans une situation subordonnée, ou du moins très-inférieure à celle de son mari; car les témoignages sont à peu près unanimes quant à la quasi égalité qui régnait en Egypte entre les deux sexes. Des scènes de chasse, de la vie agricole et industrielle, sont représentées sur les murs, avec une finesse, une habileté de ciseau, une vérité d'observation qui feraient honneur à des artistes contemporains. La conservation est parfaite; c'est M. Mariette qui récemment a découvert ce trésor.

1<sup>er</sup> décembre.

Au soleil levant j'étais sur le pont; il faisait frais et même froid. C'était une de ces belles matinées dont on garde le souvenir. Derrière nos deux dahabies vertes et blanches, avec leurs antennes croisées glissant sur le fleuve comme d'énormes insectes aquatiques, on distinguait parfaitement dans les brumes grises les blancs minarets de la mosquée de Méhémet-Ali, on touchait presque Ghizeh. A droite, par dessus les palmiers regardaient les pyramides de Zakhara et du Dahour; je suis étonné d'en voir une ou deux à étages, on dirait plusieurs pyramides tronquées posées les unes sur les autres; quelques-unes, construites en briques, se sont éboulées. J'entends dire qu'elles sont les plus anciens monuments connus et datent de la première dynastie, il y a tantôt sept mille ans; mais on rectifie : ces pyramides à étages proviennent de la troisième dynastie et n'ont que six mille cinq cents années. Soit.

A gauche s'étend la muraille de la chaîne arabique, on voit les carrières dont on a extrait les pyramides de Ghizeh, et les dalles blanches avec lesquelles on carrelle les maisons du Caire. Sous les palmiers ensoleillés rit un petit village de bâteliers, deux bergeronnettes arrivent à tire d'ailes, tournent autour du bateau, se posent un instant sur le devant, puis sur l'arrière, et, leur curiosité satisfaite, s'en retournent.

Entre les deux chaînes de montagnes qui encaissent la vallée, entre les sables qui l'enserrent, la campagne cultivée est très-étroite. La surface habitable de l'Egypte n'est qu'un ruban bien long, mais singulièrement resserré. Si on roulait ce ruban autour du Caire, je crois que le cercle serait bien petit.

Quel calme dans ce paysage, quelle tranquillité, quel beau so-

leil! C'est une journée de lumière. Les anciens Egyptiens se disaient habitants de la Région Pure.

A la nuit tombée, nous atterrissons à la petite ville de Beni-
souef. Il s'agit de la visiter. Les voyageurs du Férouch, de la
Béhérah, des dahabies, une cinquantaine d'individus, munis de
lanternes, de fanaux, de pistolets, de gourdins, de cravaches en
cuir d'hippopotame, accompagnés de drogmans et de chaouchs
avec de grands cimeterres, envahissent la ville, qui dormait déjà
ou à peu près. — Au passage de notre bande, quantité d'indigènes qui, enveloppés dans leurs burnous, dormaient sur le devant
de leur porte, se réveillent et nous regardent. Nous passons à
travers le bazar, c'est une ou plusieurs rues recouvertes de nattes
ou de cannevelles : c'est peu riche en comparaison des passages
des Princes ou des Panoramas. Quelques marchands sont encore à
leurs pauvres boutiques : on fait des emplettes dans un magasin,
pas plus grand qu'une cellule de Mazas, mais dont l'inventaire est
des plus variés : sucre, fruits secs, cigares, tabacs, cotonnades,
lanternes, lampe à pétrole, savons de toilette en forme et couleur
de pommes d'api, pastilles du sérail, babouches, mauvaise quincaillerie, un farrago de bric à brac. Il y avait même des bouteilles
étiquetées *vieux cognac* et *Allsop's pale ale*. Je me suis étonné
de voir deux boutiques ayant l'air suffisamment achalandées plei-
nes de bouteilles diverses. On m'a expliqué que l'eau-de-vie qu'on
y débitait, est au service des Musulmans auquel le prophète a,
comme chacun sait, défendu le vin, mais pas du tout l'alcool.
Quant aux chrétiens coptes, ils fraternisent avec les Musulmans,
verre de schnaps en main, et ne dédaignent ni le vin, ni les bières
d'Europe.

Acheter des pipes et des lanternes, cela parut bientôt assez fade
à nos jeunes gens qui réclamèrent : *La fantasia! la fantasia!*

Des indigènes agissant comme guides, à travers l'obscurité et le
pêle-mêle des ruelles, menèrent nos barons, nos majors, banquiers
et colonels, l'élite du journalisme européen, et jusqu'à madame
Peruzzi, s'il vous plaît, devant la plus chétive et la plus misérable
des cahutes, dont la destination était suffisamment indiquée par
une affreuse peinture sur verre représentant une femme habillée
de rouge, d'orange et de bleu. Après avoir attendu pendant une
demi-heure l'ouverture du rideau, on vit enfin apparaître trois
pauvres filles, vêtues, l'une de cotonnade rouge, les deux autres
de quelque méchant tissu noir. Au son de la *darbouka*, un par-

chemin tendu sur une marmite en terre, les malheureuses nous donnèrent une représentation de la fameuse danse qu'on a appelée la danse du ventre. L'avant-veille, de riches curieux du Férouch, avaient payé mille francs deux ballerines pour exécuter le même pas. C'était exécrable, il faut le dire, et bien fait pour inspirer l'horreur de la volupté ; à force d'être laid, c'était devenu moral.— De même les Spartiates faisaient enivrer les ilotes pour inspirer à leurs fils l'horreur de l'ivrognerie.

La cérémonie terminée, nous retournâmes à la ville. Passant devant une mosquée ouverte, nos curieux, malgré les prières et les recommandations de nos guides, s'y précipitèrent pour voir la baroquerie « *den Schwindel* » comme disaient nos Allemands. Notre monde si scrupuleux quand il s'agit de couffis et de burnous, de tarbouches et de babouches, se rua dans la mosquée comme il venait de se ruer dans la maison de prostitution, avec leurs bottes sales, leurs cigares et leurs cravaches. Attenante à la mosquée, je vis une chapelle souterraine, dans laquelle le regard plongeait. L'oratoire contenait le tombeau de quelque derviche, le cercueil était recouvert d'une draperie rouge avec dessins blancs, autour duquel tournait et gesticulait un pauvre fou, être sacré pour les Musulmans.

Je craignais un peu que les camarades ne nous jetassent dans une mauvaise aventure avec leur irruption dans la mosquée, invasion que des «vrais croyants» eussent pu prendre pour une insulte ; mais il n'en fut rien ; les fidèles continuèrent leurs génuflexions et salamalecs, sans même tourner la tête. Cette modération, cette absence complète de reproche me fit apparaître notre sans-gêne européen sous un fâcheux côté. Me souvenant de tous les ennuis que coûte au simple passant la rencontre en France d'une procession, et en Espagne d'un Saint-Sacrement, j'appréciai davantage la leçon que nous donnaient ces fanatiques, comme on est convenu de les appeler en Europe. Nous ne pouvons renier notre origine, pensai-je, et pour des « Osiriaques » et des « Justifiés » qui sortiraient de leur tombeau, nous ne serions encore que des barbares, les descendants des Goths, des Scythes et de la mauvaise race de Thuormp. Les quelques secrets que nous venons d'arracher à la nature, nous les tournons immédiatement contre la nature et contre nos semblables. Parce que nous avons trouvé le moyen d'atteler le cheval de feu qu'on appelle la locomotive et le moyen de galoper dessus, nous foulons et écrasons tout sur notre passage, avec notre fusil nous tirons sur le monde, bêtes et gens. Nous manquons de modération, nous manquons de bonté. »

2 décembre.

C'est le matin, il fait frais et bon. Le ciel est pur et le Nil argenté. Le fleuve s'élargit à mesure qu'on le remonte. Ici, il est vaste comme un lac, et plus brillant encore que le ciel qui se réfléchit dans les eaux; autour de ses îles d'un bleu pâle, parsemées de palmiers, les canges aux voiles latines se posent comme des volées de papillons blancs. A droite, une plaine assez étendue, sur la rive basse quelques fellahs bruns et noirs, des buffles et chameaux, des femmes se lavant les jambes ou remplissant leurs cruches. A gauche, nous cotoyons la chaîne arabique dont les strates sont d'une horizontalité parfaite; on dirait un appareil de maçonnerie, une fortification immense, dont les bastions et contreforts, tours rondes et carrées, se reflètent dans le miroir tranquille des eaux. Trois murailles s'étagent au-dessus des autres; au-dessus de la première terrasse, et au-dessous de la citadelle, des éboulis forment comme les tentes d'une armée de géants. Entre les créneaux, des trouées de lumière. Les montagnes, d'abord rougeâtres, puis d'un violet de plus en plus vaporeux s'arrondissent en quart de cercle au-dessus du Nil; elles se terminent par un cap hardi au-devant duquel la rive droite envoie un promontoire de verdure, un massif épais d'acacias. Le paysage ne se compose que de rochers et d'eau, que de quelques arbres sur un peu de terre; rien de plus simple, rien de plus beau. On se sent pénétré soi-même, par cette lumière qui envahit tout; des vagues d'éther nous traversent, comme le Nil sillonne la campagne. On est empli, surempli d'une quiétude pure. Une paix souriante émane de nous. On ne pense plus, car on n'en a plus besoin, la contemplation étant la transformation suprême de la pensée. Plus de regrets, plus de désirs. La volupté est peut-être dépassée; on est satisfait, et rien de plus, heureux, et rien de moins. La vie n'est plus un effort, mais une jouissance, on s'immerge dans le Nirvana, aspiration constante de l'Orient, déplorable absurdité pour l'Occident. Qu'est-ce que le Nirvana? C'est l'âme se résorbant éternellement dans la lumière. On comprend ici la légende que nous rapporte Homère : « Après avoir mangé de leurs bananes, les lotophages oubliaient tout, et droits et devoirs, et lois et coutumes, douleurs, craintes et tristesses. Couchés sur le sable ou dans les roseaux de la rive, ils regardaient couler la vie comme les flots du fleuve, sans s'en apercevoir, avec une souriante indifférence, heure après heure, jour après jour, et les semaines succédaient aux semaines, et les années venaient après les mois. »

Nous avons dépassé les deux promontoires et nous sommes entrés dans une espèce de lac. Par delà les eaux lumineuses, on ne voit qu'un petit revers de terre aux deux côtés, avec quelques palmiers lointains apparaissant par-dessus. Une ligne blanche indique le désert. Voilà tout, et c'est assez. Rien de plus monotone, et pourtant on ne s'en lasse pas.

Vers le soir, de vigoureux nageurs ont fait force de bras jusqu'à notre steamer, qu'ils ont abordé en s'accrochant aux cordages par lesquels les dahabies sont remorquées. Ce sont des chrétiens que les moines d'un couvent copte envoient mendier. Les gaillards étaient nus comme la main, solidement constitués, on eût dit des statues de bronze. On leur a donné beaucoup de sous, mais ils n'ont pas eu l'air satisfait L'argent qu'ils recueillent est pour les bons Pères, qui les paient en eau-de-vie. La récolte terminée, ils ont mis les pièces d'argent dans leurs joues, avec le geste d'un singe faisant sa provision de noisettes, puis ils ont plongé et bientôt disparu. Mieux me plaisent les visites des bergeronnettes, qui, alertes et gentilles, sautillant par-ci, sautillant par-là, viennent nous voir et se faire voir.

Le soir, nous débarquons à Minieh. Après notre visite au bazar, nous entrons dans un café borgne, où des filles moins pauvres et misérables que celles de la veille, nous dansent leurs pas nationaux. J'entends dire autour de moi que le cancan pourrait bien être originaire d'Arabie.

En retournant au bateau, nous avons la bonne fortune de rencontrer une *Zeffeh*, promenade de la nouvelle mariée, qu'on mène chez son époux en la faisant passer à travers les rues, coins et recoins de la ville. — Cette nuit, le fiancé et la fiancée se verront peut-être pour la première fois ; sauf dans la basse classe, les mariages ne se font ici que par entremetteuses. Après que le jeune homme a payé au père le prix stipulé pour la fille, il n'est pas rare qu'il se plaigne d'avoir été affreusement volé et d'avoir acheté chat en sac. L'institution serait parfaitement absurde, si elle n'était corrigée par une facilité de divorce, qui équivaut à

la polygamie. Il n'est pas rare de voir des vieillards qui, dans le
courant de leur existence matrimoniale, se sont démariés et rema-
riés une vingtaine de fois.

Quatre jeunes gens portaient les bâtons d'une tente de mousseline blanche, sous laquelle marchaient la fiancée, sa mère, les
filles d'honneur, et une ribambelle d'enfants, qu'on s'étonnait de
voir là. L'héroïne de la fête faisait une figure vraiment étrange.
Enveloppée d'un cachemire épais, elle était voilée de rouge des
pieds à la tête. Ce lugubre mannequin portait une couronne de carton
et des joyaux sur la place du front, un collier à la place du cou.
Comme elle n'y voyait goutte, par derrière la mère l'empêchait de
trébucher en la poussant par la tête, et les filles d'honneur la gui-
daient par le coude. Les femmes à l'entour sanglottaient en mode
gai, et roucoulaient lamentablement. Ces cris particuliers au sexe
féminin de par ici, et qu'on m'a prétendu ne pouvoir être que ma-
ladroitement imités par les hommes, s'appellent le *zagharit;* c'est
une explosion de voix perçantes avec des roulements et tremblot-
tements de langue. Des musiciens qui sans doute appartenaient à
la garnison, et avaient subi l'influence européenne, jouaient des
airs que je m'étonnais de trouver si gais et lestes — il me sembla
reconnaître une imitation du fameux « Partant pour la Crête »
par le maestro Offenbach. Malgré les fifres et les tambours, malgré les coups de fusil qui éclataient çà et là, malgré les pastilles
odorantes qu'on brûlait derrière les musiciens et l'eau de rose ou
de Cologne qu'on vous offrait, malgré les grandes lanternes mul-
ticolores qu'on portait devant le dais, je ne pouvais voir sans ser-
rement de cœur, cette pauvre fillette, aveugle et captive, à demi
étouffée, promenée comme un bœuf gras à travers la ville, pour
être jetée soudain aux pieds d'un maître inconnu, dans une maison
étrangère, dans une existence dont elle ne peut avoir aucune idée.

« Que se passe-t-il quand la fiancée a franchi le seuil du domicile
conjugal? » telle fut la question assez naturelle que soulevèrent
plusieurs curieux.

— « Beaucoup de prières, répondit-on, pas mal de salamalecs et
de cérémonies religieuses — finalement le fiancé et la fiancée se
trouvent seuls — le moment décisif est arrivé, le fiancé doit dé-
clarer s'il ratifie la vente, et s'il est satisfait du marché qu'il a
conclu à l'aveuglette. Il déballe sa marchandise, en prend con-
naissance, et se déclare le plus heureux des mortels, car, à pareil
moment, et avec les facilités pour un divorce subséquent, un refus

serait une offense grossière. Les pieux y mettent plus de façon que les autres. Ils déshabillent la fille pièce à pièce, ne lui laissant que la chemise, et de cette chemise ils déchirent la partie inférieure ; ce chiffon, ils l'agitent du côté de la Mecque, le mettent à terre, et, se prosternant, le baisent par plusieurs fois, en invoquant Allah, Allah, et demandant de nombreux enfants. Puis, l'homme sort de l'appartement conjugal, se déclare content devant les parentes et amies de la fiancée, qui jusque-là attendaient avec une anxiété réelle ou simulée, et font éclater aussitôt un zagharit plus étourdissant.

Sur ce chapitre, je fais mes réserves — tant sur les mœurs orientales qu'occidentales.


3 décembre.


Nous visitons les grands tombeaux de Beni-Hassan. La montagne est dans certaines couches percée de trous comme des gâteaux de miel. Des fellahs au sombre costume se détachent sur l'obscurité de l'entrée tumulaire ; des sacs, des gerbes de canne à sucre sont empilés à la porte ; ces tombeaux jadis si fastueux sont devenus la demeure des vivants. Les peintures qu'ils renferment, n'ont pas, il s'en faut, la valeur artistique des sculptures du tombeau de Ti, mais elles ont néanmoins une valeur inappréciable, comme représentations, prises sur le fait, de la vie, des occupations, des amusements et des institutions sociales de la nation Egyptienne.

Notre Férouch atteint le steamer qui remorque la dahabie, portant le chapelain de l'Impératrice, monsignor Bauer et sa suite. Ce chapelain me plaît, avec sa casquette, ses bottes à l'écuyère, la couffe multicolore et son énorme croix en Ruolz sur le ventre. Le saint homme était à table, il nous salua galamment en agitant un verre de champagne, et sa compagnie tira en notre honneur des coups de révolvers auxquels nos jeunes gens répondirent avec leurs carabines. Toute l'après-midi ils ont fait vacarme.

La journée est splendide comme celle d'hier. Sur le Nil, il n'est que de beaux jours. Le navire avance avec un mouvement doux, tranquille et monotone, au milieu d'un paysage toujours le même, toujours changeant. Un azur profond, un fleuve d'étain fondu ou de plomb liquide, des tons brillants et vaporeux, des effets de satins argentés et de moire luisante jouant sur un fond gris-bleu. La montagne âpre et fauve s'élève toujours en contraste grandiose au-dessus des eaux tranquilles. Avec cette sainte fraîcheur, on respire une paix immense et une volupté suave. Les beaux messieurs de notre jeunesse dorée tant sur le Férouch que sur le Béhérah, armés de leurs carabines à double canon, tirent sur les volées de hérons blancs, sur les pélicans méditant sur leur banc de sable. Au milieu de cette scène paradisiaque, retentissent incessamment les coups de fusil. J'admirai deux vautours ; la balle vint frapper au milieu d'eux en soulevant du sable, — l'un ne bougea — l'autre se leva lentement, donna quelques coups d'ailes mesurés, et se replaça à cinq ou six mètres plus loin. Ce que ces jeunes gens tuaient tombait à l'eau et ils n'en avaient pas une plume. Cependant un fellah du rivage nagea vers un pélican grièvement blessé, qui se défendit encore faiblement, fit jaillir un peu d'eau, puis fut pris et emporté. Au milieu de ces meurtres et de ces assassinats, la grande nature s'était comme éclipsée : la paix, la grandeur, la solennité du paysage avaient disparu, plus de rêverie, plus de contemplation, plus de pénétration par la lumière. Quels barbares que ces Occidentaux !

Notre vapeur atterrit à Menfalout. Nous entrâmes, un peu par hasard, dans une église copte, où le prêtre nous conduisit. Le byzantinisme n'est pas mort, il subsiste toujours en Égypte, où, entr'autres antiquités, le moyen-âge tel qu'il existait à l'époque des croisades s'est conservé pour notre édification. On fabrique encore au Caire et autre lieux, des saint Georges et des saint Démétrius, comme on en adorait, il y a quinze cents années dans les villages de la Macédoine ; on nous a montré des tableaux, vieux de trente ans à peine, auxquels nous aurions attribué dix siècles. — Les femmes étaient parquées à part. En Orient, le christianisme, ou ce qu'on appelle ainsi, n'a pas fait grand'chose pour l'émancipation de la femme. Dans ce pays-ci, un abîme semble séparer les deux sexes. On traiterait d'indécence révoltante le fait d'enterrer des corps féminins à côté de corps masculins ; sans doute, on craindrait des distractions pour le fidèle, au grand moment de la résurrection. Les Orientaux sont-ils chastes pour cela ? Ce même soir, je pus m'édifier sur la question.

C'était la veille du jour où commençait le Ramadan, mois de

jeûnes et de banquets, qui combine à la fois notre carême et notre carnaval. On s'abstient de toute nourriture, et même de boire une goutte d'eau depuis le lever jusqu'au coucher du soleil (heureusement que dans ce mois-ci les jours sont de dix heures seulement), mais, immédiatement après, on peut se livrer à la *mangarie,* mot emprunté à la langue franque, signifiant mangeaille. Ceux qui en ont les moyens ne se font pas faute alors de réparer leurs forces.

En entrant dans le village, des lamentations et gémissements que nous entendions de tous côtés nous avaient étonnés. Les familles qui avaient eu un mort pendant l'année, pleuraient celui qui ne devait plus assister à la fête, mais partout ailleurs on s'amusait. Des riches, des hommes pieux ou généreux faisaient savoir par des crieurs que nous rencontrions dans les rues avec lanternes et tambourins, qu'ils avaient préparé chez eux une mangarie pour les pauvres et les amis.

Sur la place publique où nous nous installons sur des escabeaux d'honneur, nous assistons à des représentations données par divers corps de métier, avec accompagnement de cris et hurlements, d'un tapage infernal de rababs et de daraboucas. Vinrent d'abord les boulangers, qui débutèrent par une bénédiction sur le Bacha Ismaïl, sur son père et sur sa mère. Cette effusion m'étonna. L'interprète nous assura qu'elle n'était point officielle, et que, malgré les lourdes contributions d'argent, le Vice-Roi était aimé dans le pays, pour avoir diminué de beaucoup l'impôt du sang, et n'avoir plus qu'une armée fort petite, relativement à celle qu'entretenait Méhémet-Ali. Je relate ce que je vois, ce que j'entends ; quant aux vérifications, elles sont singulièrement difficiles en Égypte, où il ne faut rien croire de ce qu'on vous dit, et ne pas croire tout ce que l'on voit. Après ce compliment au souverain, les boulangers firent mine de pétrir la pâte, de l'enfourner, de la défourner, d'empiler les pains, de les vendre à la criée, avec les éjaculations spéciales à leur métier.

Des bouchers me furent moins agréables. Dans la ribambelle d'enfants, ils en saisissaient par brassées, et, criant que c'étaient veaux, agneaux et moutons, ils prétendaient les assommer, les égorger, les couper en morceaux et les détailler aux acheteurs.

Les pêcheurs lançaient sur les moutards leur épervier, ils les roulaient dans leurs filets, les cognaient, les tripotaient, les jetaient sens dessus dessous, les traînaient dans la poussière, bref, les mettaient en capitolade et en extase. « Qui veut acheter de jolis petits poissons, des petits poissons tout vivants? »

Sur un baudet, les forgerons avaient installé une petite enclume, avec une espèce de sac faisant soufflet ; un garçon le mettait en mouvement, des fers chauffaient dans un feu de houille. Les ouvriers, avec des pinces, saisissaient le métal rougi, qu'ils battaient avec rage et furie, en faisant voler les étincelles de droite et de gauche. En même temps, ils mugissaient une chanson orgiaque digne de taureaux en rut.

La joie devint frénétique quand apparut une procession dans laquelle un robuste baudet jouait le personnage principal. Il portait une vaste étoffe cramoisie, soutendue par des bâtons en croix. A ce moment, nos imbéciles de gendarmes (nous ne marchons qu'escortés de deux ou trois représentants de la force publique, pour l'honneur et la protection), voulurent intervenir sous prétexte que deux bâtons croisés pouvaient offenser notre susceptibilité de chrétiens. Je leur ordonnai bien vite de se tenir tranquilles pour plusieurs bonnes raisons, entr'autres celle-là, que la population était si fort montée, qu'au besoin elle eût pu nous écharper en quelques secondes, nous et nos gendarmes. Jamais je n'ai vu excitation pareille. Les assistants criaient, hurlaient, trépignaient ; les garçons sautaient comme des démoniaques; on voyait des figures pâles, bouche ouverte, yeux tournés en dedans, en extase. Un jeune homme de vingt ans, trapu, bestial, ivre d'une fureur sacrée, chantait d'une voix enrouée une chanson priapique, dansait le pas des almées, la fameuse *danse du ventre*, et rejetait, une à une, toutes les pièces de son vêtement. Pas un muscle de son corps qui ne frissonnât ; il était dans le troisième ciel ou le septième enfer; je craignais de le voir tomber dans la catalepsie. Nous assistions à une fête des antiques religions naturelles. Un rien de plus et nous tombions dans les bacchanales, dans les orgies de Cybèle et d'Astarté, dans ces épidémies de rut et volupté qui, à certaines époques, saisissaient autrefois des populations entières, comme elles saisissent encore des tribus d'oiseaux et de quadrupèdes. Nous avons encore des faunes, des centaures et des Lapithes. Pan n'est pas tout à fait mort, comme on nous le disait. Ce n'est pas le moyen-âge seulement qu'on voit encore en Égypte !


**4 Décembre.**


**Syout, rendez-vous des caravanes du Darfour et du Sénégal,**

est la première ville purement arabe que nous ayons visitée de jour. Nous la traversons au galop de notre petit âne, pour visiter la nécropole creusée dans les flancs de la montagne libyque. Il est beaucoup de simples carrières à chaux ou à pierres de taille qui ont un aspect plus monumental, plus lugubre, plus mystérieux. Néanmoins, on n'entre pas sans une certaine tension d'esprit dans ces tombes hantées par le souvenir d'une civilisation disparue. Tout a été ouvert; pillé, profané, mutilé, sali, — mais il reste encore des pancartes d'hiéroglyphes, dont les Champollion, les Brugsch et les Lepsius font leur profit. — Aux voûtes, des étoiles jaunes sur un fond bleu-noir nous disent qu'ici est l'Amenté, la région des antipodes que le soleil visite après avoir éclairé notre hémisphère. Ici règnent Osiris et Isis, dieux du jour, transformés en dieux de la nuit. Ici les pauvres momies attendent la résurrection des corps; mais toutes les peines et précautions qu'elles avaient prises pour assurer ce résultat, ont été en pure perte. En vain, elles s'étaient retirées dans le désert, cachées dans des puits au cœur de la montagne, enfermées dans de lourds sarcophages de granit. Avec la poudre, la sape, des leviers et des marteaux, on a forcé l'entrée, brisé les cercueils, et, pour trouver quelques anneaux d'or, des amulettes de verre ou de porcelaine, on a fouillé jusque dans les entrailles des momies, qu'on a jetées ensuite au vent ou brûlées. La croûte extérieure de la montagne n'est plus qu'une accumulation de débris, le pied se heurte à des chiffons jaunes, à des bandelettes, à des pierres sculptées, à des os blancs avec des débris de chair noire; tout ce qui, pendant plusieurs siècles, s'était accumulé dans une ville des morts, a été jeté au vent. Au fond de la religion égyptienne, comme un sarcophage dans le cœur d'une pyramide, était le dogme de l'éternité. Ce peuple avait pour idéal l'immuabilité et la stabilité, il croyait l'avoir trouvée dans ses sépultures, et comme il se trompait! Depuis quinze cents ans, chaque génération détruit quelque chose; après avoir saccagé brutalement et emporté ce qu'il y avait de plus précieux, on commence aujourd'hui à passer cette terre au tamis, ou bien encore on la délaie dans l'eau pour en extraire le nitre; tôt ou tard la Compagnie anglaise Day and Martin distillera ces os en vase clos pour sa fabrication de cirage. Je suis loin de le blâmer — mais quelle stupeur pour ces pauvres adorateurs d'Osiris, si un prophète était venu, leur révélant la destinée qui attendait leurs cadavres, ce qu'ils avaient de plus précieux. Quelle singulière illustration les siècles ont donnée en Égypte aux dogmes économiques de l'héritage et de la propriété! Ce sont les premiers chrétiens qui ont commencé à jeter les morts dehors : « Ote-toi que je m'y mette. » La montagne ne contient pas seulement de grandes salles tumulaires pour les hauts personnages; elle est aussi percée de petits trous pour les pauvres hères. Dans ces terriers, grands ou petits, s'établissaient les pieux ermites qui, abjurant le diable et ses œuvres, le monde et ses pompes, se retiraient dans le désert. Une de leurs premières occupations était de mutiler les bas-reliefs, les hiéroglyphes, d'effacer les souvenirs d'un paganisme impie; avec un marteau ou une bonne pierre et de la patience, c'en était fait pour toujours d'un Thoh ou d'un Ammon Ra, —heureux encore quand ils se contentaient d'enduire d'une couche de fange et d'ordure les divines figures d'Isis et d'Athor !

Syout m'a fait comprendre les récits de la Thébaïde, nous racontant comment des milliers et des milliers de saintes gens quittèrent les dissipations de la ville et les labeurs des champs pour vivre dans le désert une vie vouée uniquement à la prière et à la contemplation. Me figurant jusqu'ici le désert comme l'inverse d'une oasis, comme des Sahara ou des Cobi, ou leurs diminutifs, je ne comprenais pas comment ces multitudes de reclus pouvaient vivre au milieu de leurs sables brûlants. Je pensais qu'il aurait fallu des convois de farine, au milieu de ces solitudes, rien que pour fournir aux religieux tant soit peu de galette, et les hosties nécessaires à la communion. Je suspectais les historiens d'exagération, mais je ne le fais plus aujourd'hui, après avoir rectifié ma notion géographique du désert. L'étroite lisière de terrain cultivable, qui compose l'Égypte, est enserrée entre le fleuve et le sable, la délimitation est si nettement accusée, qu'on peut se tenir, d'une jambe dans le monde du néant, et de l'autre dans le monde du travail. L'espace est si resserré, que, pour gagner quelques acres et se mettre en dehors des inondations, la plupart des fellahs installent leur village dans le sable. Les « inaccessibles retraites, » les solitudes mystérieuses de ces bons moines, étaient à cinq minutes des provisions et de l'abondance; du haut de leur colline, dans la chaîne arabique ou libyque, les saints hommes pouvaient surveiller ce qui se passait à leurs pieds, crier des ordres à la ville, et, au besoin, l'envahir et la saccager, lapider un proconsul ou égorger la pauvre Hypatie.

Errant par la montagne, regardant de crypte en crypte, et en-

trant dans une espèce de caverne, je me trouvai tout d'un coup
en face du spectre noir d'une momie. On l'avait arrachée de son
tombeau, plantée contre le roc où elle se tenait debout, bras et
jambes cassés, la poitrine ouverte, le crâne effondré, un fragment
d'occiput posé sur le front, en guise de casquette. Des bandelettes
déroulées étaient éparses autour. Je m'arrêtai devant ce lugubre
débris, tâchant de retrouver la physionomie de cet homme mort
depuis si longtemps (c'était un homme, il avait encore de la barbe
au menton), tâchant de démêler le secret de sa vie, à travers le
mystère de la mort. La tête était intelligente, à ce que je pus voir,
son caractère crâniologique ne me parut pas beaucoup différer du
nôtre, mais, après avoir regardé dans sa poitrine, je ne découvris
ni secret ni mystère. A la place du cœur, il n'y avait plus rien, rien
qu'un peu de poussière humide.

Du haut de la montagne, j'eus un spectacle magnifique, spectacle qu'on rencontre, du reste, un peu partout, dans la belle et monotone Égypte. A mes pieds, une longue plaine multicolore. De
larges carrés couleur chocolat, terrains fraîchement labourés,
alternaient avec des étendues violettes, nouvellement ensemencées.
Dans un vaste lac de verdure sombre couraient des vagues de teinte
plus claire. Des îles surgissaient au-dessus des inondations, avec
des villages ombragés d'élégants palmiers. En face, l'horizon vaporeux, la montagne d'Arabie, les méandres argentés du Nil avec
ses dahabies et voiles latines, de nombreux canaux. Au milieu du
paysage, Syout, masse de boue sombre, parsemée de dômes et de
minarets blancs. Telle est la vue ou à peu près, dont on peut
jouir pendant mille kilomètres, et ne s'en lasser jamais.

En descendant la nécropole antique, j'allai visiter la moderne,
le cimetière, grand comme un faubourg. Les tombeaux des cheiks
et personnages considérables sont à coupole, afin que le fidèle
musulman se puisse lever tout droit dans son tombeau, quand
retentira la trompette du jugement dernier. Plusieurs des édi-
cules, abritant les restes des saints derviches, ont été érigés par
souscription. Nombreuses sont les sépultures recouvertes par une
table ou terrasse, à laquelle on monte par degrés, et sur lesquelles on dépose, à certains jours, des aliments pour les pauvres.
J'ai vu deux ou trois cruches d'eau, que des aloès tenaient au
frais. — C'est pour que les passants, altérés, bénissent la mémoire
d'un mort chéri. A la porte du cimetière, se font journellement
des distributions de victuailles, aussi avons-nous vu une demi-

douzaine d'aveugles ou d'indigents, accroupis, devant quelques cellules; quelques-uns dévidaient de la laine ou tricotaient des bas.

Rentré dans la ville, je vis plusieurs fontaines qui laissaient couler un mince filet d'eau. — « D'où vient cette eau? » demandai-je à mon guide, y a-t-il une pompe qui monte l'eau du Nil? » — Oh! non! mais il y a des hommes riches et bons, qui paient des porteurs pour tenir une citerne pleine, afin de rendre service à leurs voisins. » — Certes, je bénis ces hommes riches et bons, mais tout de même je leur préférerais une machine à vapeur.

A Syout, j'eus le plaisir de prendre un bain turc dans les règles. Rien n'y manquait, ni la demi-obscurité des épaisses vapeurs, ni quelques pinceaux de lumière descendant de la coupole, ni les jets d'eau tiède tombant sur les dalles d'un marbre blanc et noir, ni les massages qui défatiguent, ni le râclage de la plante des pieds avec une pierre ponce. Les cérémonies accomplies, on s'étend sur un divan, et, vêtu d'une légère mousseline blanche et d'un turban, on fume le narguilé, ou l'on sirote une limonade gazeuse, pendant que la salle s'emplit des fumées de l'encens et des pastilles du sérail. Le bain entendu de cette façon donne la sensation du bien être physique — et coûte une roupie seulement, trois francs. On se demande s'il est possible d'avoir des soucis dans cet heureux pays, où, pour jouir des voluptés de l'esprit et du corps, il suffit de prendre un bain, de contempler les palmiers chevelus qui se mirent dans le Nil, ou de regarder un vol de pélicans aux ailes blanches et noires s'enfonçant dans les profondeurs d'un ciel couleur orange.

J'ai le regret d'apprendre que, quoi qu'on dise, le honteux trafic des esclaves persiste en Egypte; il se pratique clandestinement à Syout et ailleurs. Moyennant six cents francs et un soi-disant contrat de louage, on m'a offert un petit Nubien.

J'ai encore le regret de dire que Syout fabrique toujours des eunuques; elle en exportait trois cents par année, au temps du voyage d'Ampère. Cette industrie est monopolisée entre les mains de chrétiens coptes, et pratiquée dans un de leurs couvents, sous l'invocation de la Vierge.

A Sohag, j'entre par curiosité dans l'église catholique, trouvant
utile de mettre en échec, par des souvenirs de la religion de mon
jeune âge, l'impression trop favorable peut-être que l'Islam fait
sur moi. La tentative n'a pas réussi ; j'ai revu là simplement
une église comme j'en ai vu cent et cent dans nos pauvres villages.
C'était plus vieux que byzantin, plus sale que pauvre, c'était sordide et mesquin. Je remarquai là, comme dans l'église copte de
Menfalout, que les femmes avaient été isolées du reste de la congrégation par un treillis, afin de cacher leurs faces de pécheresses.
Là aussi, le prêtre ne pouvait confesser pénitents ou pénitentes,
qu'au vu de tous les fidèles.

Au bout d'un moment, je me sentis accompagné ; une voix miel-
leuse complimentait en italien M. le voyageur et lui offrait toute
espèce de renseignements. L'homme était habillé en moine, était
le prêtre. Il m'offrit de me montrer ses propres appartements et
son école de garçons et de filles. J'acceptai ; son domicile forme
premier étage au-dessus de la maison de Dieu. Il est simple, mais
assez confortable. Outre le portrait de sa sainteté Pie IX, il y avait
une série de bonnes gravures du dernier siècle, sans aucune pré-
tention religieuse. La bibliothèque du révérend se composait du
bréviaire romain et des derniers numéros du journal jésuite : *la
Civilta Cattolica*. On m'offre de m'asseoir, de prendre une tasse.
Le café était tiré, il fallait le boire. Arrive le prêtre copte. J'ai l'honneur d'être assis entre les autorités chrétiennes de Sohag. Le copte,
jeune homme à figure intelligente et presque sympathique, ne com-
prenait pas un mot d'italien. J'appris que l'église catholique était
pauvre, et la congrégation aussi, et qu'elle se recommandait à la
générosité des chrétiens d'Europe. J'essayai de recueillir des renseignements statistiques. La vitalité, la mortalité des hommes, des
femmes, des enfants, des chrétiens, des coptes, des musulmans ; le
nombre d'enfants par mariage, la nature des principales maladies,
je ne pus obtenir aucun détail qui eût l'apparence d'être exact ou
précis. On ne savait pas. On s'étonnait que des choses aussi vul-
gaires excitassent l'attention d'un aussi grand seigneur que je de-
vais être, car j'étais au moins un monsieur le comte ou monsieur

le baron pour avoir été distingué par une flatteuse prévenance de son altesse le Khédive.

Je demandai au prêtre pourquoi ses ouailles étaient plus pauvres que la population musulmane tout à l'entour. Sans hésiter, il me répondit que la religion chrétienne faisait un devoir de mépriser les richesses.

— Mais pourquoi, continuai-je, les chrétiens coptes à côté de vous sont-ils moins pauvres que vos catholiques ? Au sortir du vapeur, nous avons rencontré comme une procession de coptes venant à notre rencontre, gens à bonne mine, avec des habits en drap frais et luisant, marchant avec l'aplomb que donne une bourse bien garnie.

— « Ah ! c'est que tous les coptes sont des voleurs.

— Comment, je vous prie ? demandai-je en surveillant mon prêtre copte qui nous regardait avec bienveillance en sirotant son café.

— Les coptes se sont faits les employés du Bacha. Tous les turbans bleus ou noirs que vous rencontrez recouvrent des têtes de coptes; tous ceux que vous rencontrez avec nes écritoires à la ceinture, sont coptes. Où le Bacha prend vingt piastres, le copte en prend vingt autres. Dernièrement nous avions obtenu un présent de la munificence du vice-roi, mais il s'est égaré en route, car des coptes avaient été chargés de nous le transmettre. Vous êtes un personnage considérable, monsieur le baron, vous devriez faire des représentations à Son Altesse, la supplier de nous renouveler son cadeau, et nous irions le chercher nous-mêmes.

Et pendant cette explication, le prêtre copte nous souriait toujours. J'ai regretté de ne pas avoir demandé à ce charitable catholique des renseignements sur les protestants, car il existe en Egypte des missions américaines.

Je priai de me montrer l'école. Dans un taudis, au rez-de-chaussée, des garçons étaient accroupis autour d'un vieillard à physionomie respectable. La saleté des moutards me scandalisa, et je fis à ce sujet, des remontrances à mon prêtre qui parut s'étonner qu'un personnage aussi distingué voulût bien s'arrêter à des détails aussi insignifiants que l'étaient quelques écailles de crasse sur le bras d'un polisson.

L'école des filles est au premier étage de la même maison, mais on y entre par une autre rue. Je vis une vingtaine de petites qui apprenaient la broderie avant la couture. Excessivement timides,

les mioches accroupies se pressèrent les unes contre les autres
à la vue de l'étranger. — On eût dit ces perruches frileuses se
mettant en brochette sur un des bâtons de leur cage. La jeune maî-
tresse se leva pour nous recevoir ; sa figure était intéressante ;
pendant quelques instants, elle mit beaucoup de bonne volonté à
se laisser voir, mais bientôt la honte la prit, elle se voila préci-
pitamment, montrant une extrême confusion si le bout de son
nez, et surtout si sa bouche était visible. Mon inspection ne fut
pas de longue durée, car je ne tardai pas à me sentir confus et
embarrassé, en présence de cette pauvrette, tremblante comme
une femme surprise en adultère. — Je saluai et me retirai. Les
honoraires de l'institutrice sont de 150 francs par an.

La mosquée, cour ouverte entre quatre galeries et quatre murs,
n'est pas grande ; mais toutes les lignes, conçues dans les plus
heureuses proportions, sont d'une sobriété élégante et d'une ra-
fraîchissante simplicité. Une porte, quatre fenêtres, quelques arabesques, des lignes rouges sur du gris, une tour carrée, se faisant
octogonale, puis ronde, et enfin percée de trous et ouverte à tous
les vents, il n'y a pas davantage, l'ensemble quoique peu riche
est splendide. Cet échantillon d'art dans une petite ville oubliée sur
les bords du Nil, me rappela le distique de Goëthe : « Un seul trait
suffit au maître ; mais avec un immense barbouillage le barbouil-
leur n'aboutit pas. »

Attenant à la mosquée est une piscine où chacun peut puiser de
l'eau — sur les trois côtés sont disposés de petits cabinets où les
fidèles font leurs ablutions. De l'autre côté du sanctuaire, et y
communiquant par un porche, un puissant acacia ombrage une
cour avec fontaine. La cour est entourée d'un divan maçonné,
recouvert de nattes, sur lequel ouvrent des cellules cintrées ; à
gauche, une espèce d'asile pour aveugles, vieillards et invalides,
dont quelques-uns tricotaient ; à droite, une école de garçons. Il n'y
avait plus que deux ou trois écoliers. L'instituteur, jeune homme à
figure olivâtre, à traits réguliers, et d'une expression empreinte
de calme, de bienveillance et de sérénité, me plut tout d'abord. Il
commença par me montrer une superbe copie du Coran qu'il avait
exécutée lui-même, et me la fit comparer avec un volume imprimé
au Caire, puis quelques échantillons du savoir de ses élèves : des
lignes écrites sur des feuilles de fer-blanc, qu'on éponge ensuite.
— L'élève qui s'est distingué porte sa page de maison en maison
et recueille des bakchichs pour son professeur. A la muraille était

suspendu un instrument composé d'un bâton et d'une corde, avec
lequel on garottait un délinquant en quelques secondes avant d'appliquer la bastonnade — un des gamins présents se prêta assez
volontiers à la démonstration. Je protestai contre ce vilain usage,
disant que le cheik n'oserait pas bâtonner les hommes si le maître
d'école n'avait pas commencé par fouetter les enfants. — Je dis
que, dans la plupart des cas, c'était la faute du pédagogue s'il se
voyait dans la nécessité de battre ses élèves, je prêchai l'instruc-
tion attrayante et par courtes leçons, et priai de brûler l'instrument de torture. L'instituteur écouta gravement, mais n'en voulut
rien faire. Sur la discussion de propreté, j'eus plus de succès, je
crois. Montrant la piscine à côté, je représentai que, si les pres-
criptions hygiéniques de Mahomet étaient excellentes pour les
hommes, elles n'étaient pas moins bonnes pour les enfants — je dis
combien il serait honorable à un musulman de donner un bon
exemple à l'école chrétienne. En mettant la main sur son cœur,
mon homme promit que désormais il ferait laver ses enfants de la
tête aux pieds, tous les matins. Nous nous séparâmes excellents
amis; après l'avoir quitté, j'avais le cœur plus léger, comme si
j'eusse acquitté quelque partie de la dette contractée envers les
pauvres fellahs qui paient mon voyage d'Egypte, aller et retour,
et m'entretiennent si luxueusement.

Du haut de son minaret, un muezzin récitait des prières d'une
voix lente, grave et monotone. Au moment où le soleil disparut,
un coup de feu retentit, et tout le monde de se précipiter en
tumulte; les baudets, les buffles effrayés se jetaient de ci de là,
— cette confusion étonnante dans un pays d'Orient, si calme et
si méditatif, annonçait que le jeûne avait fini pour la journée; sans
perdre un instant, chacun avait porté une galette à la bouche.

6 Décembre.

Toujours le même soleil, toujours la même lumière, toujours le calme grandiose et la vaste paix. On se fatiguerait à le raconter comme à l'entendre, mais on ne se fatigue point à en jouir. Le monotone ne doit se dire qu'une fois, mais je puis répéter sans doute combien sont beaux ces monts d'Arabie quand leurs masses imposantes s'avancent jusque dans le fleuve. Toujours des strates échelonnées les unes sur les autres comme les assises d'une pyramide, toujours de hautes murailles perpendiculaires alternant avec d'énormes tentes et des tours rondes et carrées. Il y a telle de ces strates dont la masse se compose de colonnes emboîtées les unes dans les autres et surmontées de chapiteaux; le rebord des architraves fait une large saillie en avant. — Qu'on enlève un peu ces colonnes, et on aura une immense hypostyle, comme à Carnac ou Abydos. Il y a des relations lointaines mais intimes entre l'architecture de ces montagnes et celle des monuments pharaoniques.

C'est vraiment triste que la facilité avec laquelle de petites mauvaises passions agitent l'âme humaine. Pendant toute la soirée, nos voyageurs ont clabaudé avec une âpre violence contre le chef de notre expédition. Hassan-Effendi avait fait annoncer que nous perdrions une demi-journée. L'inondation du Nil obstruant les chemins directs et forçant à de longs détours, l'expédition d'Abydos devait, disait-il, nécessiter treize heures. Cela semblait assez probable. Mais nos gens soutenaient que ce n'était pas vrai ; on se prétendait trompé, volé, floué; on tenait à avoir été insulté; on tâchait de prouver par les raisonnements les plus subtils et les plus ingénieux qu'on avait été traité avec la plus grossière des insolences ; on se battait les flancs pour se rendre furieux. Sur le Férouch comme sur la Béhéra, une cinquantaine de grands enfants gâtés trépignaient des pieds. Les propositions les plus extravagantes furent discutées sérieusement ; fallait-il arrêter là l'expédition, et s'en retourner au Caire en canges ou sur des chameaux? — fallait-il télégraphier à Nubar Pacha ? — en effet, on dépêcha le cuisinier à Hassan-Effendi pour le menacer d'un télégramme,

Hassan fit répondre qu'il avait été se coucher. — On conclut que
Hassan était un de ces vieux janissaires dont l'ambition est de
massacrer les chrétiens. — Un autre ajouta que ces Turcs, êtres
dégoûtants, n'étaient pas même des hommes. On s'exaspéra enfin
contre la monotonie du paysage : « Toujours les mêmes rochers,
toujours les mêmes palmiers, toujours les mêmes fellahs ! » Pourtant ces fellahs, ces palmiers, ces rochers, après les avoir vus une
fois, nous mourrons certainement sans les revoir. Mais la monotonie du bonheur n'est pas saine pour nos âmes occidentales. Trop
de tranquillité nous exaspère, trop de bonheur nous rend malheureux !

7 Décembre.

Pour l'expédition d'Abydos, nous nous levons avant jour. Au
crépuscule, ânes et chevaux se rassemblent sur la rive. Hassan-
Effendi envoie un message officiel pour faire savoir qu'il faut se
défier des chevaux, il indique des précautions à observer. Rassem-
blant ma science et mon adresse de dompteur de vélocipède, j'enfourche le premier coursier et me fie à ma bonne étoile. Nous sommes une cinquantaine de cavaliers alertes et dispos; les dames des
dahabies trottinent avec nous, les âniers suivent à pied, un bâton à
la main, pour « encourager » leur pauvre bête. — Pendant une
douzaine de kilomètres nous longeons des canaux; puis la route
s'enfonce dans le désert.

Le soleil se lève derrière les palmiers, aspergeant de lueurs dorées les blés, lupins et luzernes vert d'émeraude. Déjà les pigeons tournoyaient au-dessus de leurs blancs villages crénelés,
demeures plus élégantes que celle des fellahs. Les laboureurs
se mettent à l'ouvrage avec un buffle et un chameau attelés au
même joug. Le long du canal, nous voyons des bacs d'une nouvelle
espèce : des cruches vides sont attachées ensemble, une natte les
recouvre, une cordelette en fibre de palmier a été tendue d'une rive
à l'autre; — et l'installation est complète. Et voici comment les villes
qui fabriquent des poteries font leurs expéditions au Caire et à
Alexandrie : sur quelques cruches bien bouchées, on entasse quantité de cruches ouvertes, un ou deux hommes se mettent dessus,
on part porté par le courant et on arrive sans trop de dégâts. Au
retour, pas besoin de haler le bateau. Dans ce pays pauvre, une
économie rigide préside à toutes les installations. Ainsi, le long de

ce même canal, j'ai pu observer nombre de chadoufs où l'on avait économisé jusqu'aux deux moitiés de troncs de palmier qui supportent la barre du puisard, lequel est muni d'un seau à une extrémité et d'un contrepoids à l'autre bout. Les deux montants sont remplacés par deux épais piliers en terre glaise et cela suffit.

Tout en regardant le paysage, je m'aperçus d'une tendance persistante de ma monture à se laisser devancer même par les baudets. On me dit en plaisantant que mon cheval était un cheval de ramadan. Le mot n'était que trop juste. J'appris un peu plus tard que nombre de nôs quadrupèdes, requis par voie de corvée, avaient été menés à la ville dès la veille ou l'avant-veille, et que leurs propriétaires les avaient laissés au khan sans nourriture, faute de pouvoir la payer. Humilié d'être bas monté, un de nos compagnons, auquel était échu un pauvre petit âne, m'offrit de changer avec lui. Mon nouveau bourriquet était trop pauvre pour avoir une selle, trop pauvre même pour une bride. A peine le troc avait-il été consenti que deux écervelés de notre compagnie galopent sur un Arabe couché dans un sillon et le blessent à la cuisse. Geignant et gémissant, le malheureux est hissé sur mon baudet. Me voilà à pied et sans regret.

Ç'avait été une prévenance de l'Egypte à l'Europe qui venait la visiter, de faire entièrement déblayer le temple d'Abydos, construit à la plus belle époque de l'art. Nous nous mîmes à étudier avec l'intense curiosité du novice la disposition des temples égyptiens : grande avenue de sphinx, — deux pylones, ou tours commandant l'entrée ; — un vaste parvis, ouvert à la lumière du ciel ; — le pronaos, — le naos, ou nef, temple proprement dit, sombre, encombré de formidables colonnes, soutenant le poids d'un énorme plafond. Attenant à la nef principale des chambres ou chapelles latérales, et tout-à-fait au fond, le saint des saints. Les proportions se rétrécissent dans tous les sens à mesure qu'on se dirige vers le sanctuaire ou adytum, qui finit parfois par n'être plus qu'une énorme guérite en porphyre massif. De cette façon, le temple égyptien peut être considéré comme une pyramide à gradins renversée à plat. Tout autour de l'édifice régnait une muraille formant enceinte carrée, dans laquelle se déployaient les processions. Ceci n'est pas tout à fait la description du temple d'Abydos, mais une vue d'ensemble qui s'est formée dans mon esprit après avoir examiné divers de ces édifices sacrés, et m'être remémoré les descriptions du Pentateuque. Les égyptologues ne veulent point admettre que le peuple soit jamais entré dans l'enceinte sacrée, et qu'il ait dépassé le seuil des pylônes ; mais, jusqu'à mieux informé, je ne puis m'empêcher de croire qu'il pénétrait dans le parvis extérieur, tout au moins avec ou derrière les bêtes du sacrifice. .

J'avais cru jusque-là que l'art de Kémis ne s'était développé que dans le sens du colossal, de la masse brute, de la puissance barbare et effroyablement matérielle, mais je me trompais. J'ai vu des Séti et des Rhamsès entourés d'une majesté autre que royale, d'une majesté morale et intellectuelle ; j'ai vu des Osiris qui avaient réellement l'air de trôner haut au-dessus des mortels ; j'ai vu des Isis, qui, pour être belles d'une beauté autre que la beauté grecque, avaient une expression de douceur infinie, d'une incommensurable bonté, d'une générosité suave et tranquille allant droit au cœur. La physionomie de la Bonne Déesse est d'un caractère moins net, moins précis, moins fermement arrêté que celle des Vénus, des Junon, des Minerve. Isis aux yeux de vache si grands et si doux, est mélancolique et sensuelle, rêveuse et tendre, d'une élégance et d'une distinction suprêmes, et pas l'ombre de vanité ni d'orgueil. Son amour est plus grand que toutes nos iniquités, toutes nos fautes se noieraient dans son pardon. Isis n'est point une vierge mère, comme l'ont adorée maintes civilisations, mais la Nature mère de l'humanité, la grande et bonne mère, la mère et rien que la mère. Pas d'idéal supérieur à celui qu'elle exprime. Tant à Abydos qu'à Denderah et à Gourneh, j'ai vu de ces expressions qui ont arrêté soudain mon regard distrait, et m'ont tenu sous le tendre charme d'une apparition ravissante. Ici, elle allaitait un nourrisson ; là, elle passait son bras autour du cou d'un enfant de quinze ans qui l'enlaçait à son tour, les deux mains avaient saisi les deux bras. C'était naïf, gauchement exprimé, mais senti, comme il n'est pas possible de sentir plus profondément. On s'habitue vite à des scènes d'un symbolisme assez cru, à la maladresse d'artistes qui dessinent de profil les têtes et de face les yeux, au bout de quelques minutes on ne s'en aperçoit plus ; mais ce qui est beau, on l'admire toujours. La sérénité radieuse du grand Osiris ne perdait rien à être sculptée dans l'albâtre, matière idéale en quelque sorte, qui permet de rendre les mouvements les plus gracieux avec le sentiment le plus délicat. Ensevelies dans les sables et les décombres depuis de longs siècles, de belles figures avaient échappé aux ravages des chrétiens, qui avaient martelé méthodiquement, mutilé avec soin les sculptures environnantes, qu'ils avaient çà et là remplacées par des figures de chiens, d'ânes et de cheval, et signées de leurs ineptes noms. Et l'on nous parle encore des Vandales !

Nous déjeunâmes dans la grande nef, nous étions une cinquantaine de gaillards affamés et altérés par la longue course. Toutes les nations d'Europe avaient là leurs représentants, dans des costumes absurdes, riant, chantant, parlant haut, débouchant des bouteilles de Champagne avec fracas, jetant à la gent indigène des reliefs du festin, quelques os, des bouteilles vides. Là, je vis pour la première fois le grand docteur Russell, un des potentats de l'Europe, le correspondant spécial du *Times*, qui, après la malheureuse bataille de Bulls'Run, a failli mettre aux prises avec les États-Unis les gouvernements de la reine Victoria et de Napoléon III. Sur sa figure, dans toute sa dégaîne, dans ses moindres gestes, bien sot eût été celui qui n'eût pas su lire : On peut tout se permettre dans un monde peuplé de lâches et d'imbéciles, de cancres et de pauvres hères. — Pour l'esprit fatigué de la contemplation d'Osiris, fatigué de l'évocation d'une nation, d'une poésie, d'une religion et d'une philosophie disparues, ce petit homme valait son pesant d'or, habillé en négligé de feld-maréchal, blouse de flanelle blanche, vastes bottes à l'écuyère lui montant jusqu'au ventre rotond. La face rouge, avec des moustaches blanches, il montrait de son cigare, le serpent Urée, symbole de la divinité et disait par sentences brèves et hachées : « Représentation d'un mauvais génie, le diable, vous savez » — puis, caressant Isis de sa cravache : « Voici une reine d'Égypte. » Et les misses de s'écrier : « *How interesting ! delightful indeed !*

Au retour, je quittai un instant la chaussée pour passer par les ruelles d'un village. Ce fut avec peine que je vis des enfants et pas des plus petits, s'enfuir à l'approche de l'étranger. Avisant un maître d'école qui, sous un palmier, enseignait à compter avec des cailloux, j'eusse volontiers assisté à la leçon, mais à peine eus-je été aperçu que soudain toute la ribambelle s'échappa comme une volée d'oiseaux.

Je revins par le canal, à soleil couché, regardant les cornes des chadoufs. Les palmiers chevelus montant au-dessus des ombres violettes se détachaient en noir contre le ciel orangé.

8 décembre.

Un nouvel élément entre dans le paysage nilotique avec le palmier *doum*, qui fait maintenant concurrence au *nagl*, ou palmier commun. De ces deux espèces, la plus répandue est la plus jolie incontestablement, elle donne les fruits les plus savoureux et les plus abondants. Ce sont deux arbres très-différents. Le palmier classique monte droit au ciel d'un seul jet. Chaque année il s'élève d'un verticille, dont les palmes s'élèvent, et retombent en une courbe gracieuse. Le palmier est toujours beau. Il est beau seul, dans sa majesté tranquille. Il est beau en groupe, quand, autour du chef de famille, plusieurs troncs se penchent dans de gracieuses attitudes, et reproduisent la disposition qu'une jeune plante affecte avec son bourgeon central et ses feuilles latérales.

Comme de loin ils sont charmants, quand ils regardent dans le ciel clair, dominant un horizon brumeux, ou de vastes plaines de sable, ou encore quand ils mirent dans les eaux du Nil leurs têtes de papyrus! Et de près, comme on les admire, au-dessus d'une source, ou de touffes de gazons! Qu'ils sont beaux au soleil, qu'ils sont beaux, quand la lune resplendit à travers leur feuillage! Le palmier est splendide dans son entier développement avec sa forme svelte et élancée, avec son tronc qui chaque année gagne en grosseur et vigueur. Il est plus admirable peut-être, quand, tout jeune encore et dépourvu de tronc, ses palmes jaillissent du sol, hautes, nombreuses, serrées, saines, robustes, fraîches et élégantes, fontaine jaillissante de verdure, qui retombe et se déploie en nappes, lames et gouttes d'émeraude. Un gracieux effet est celui que produit sur la tige, magnifique hampe florale, la juxtaposition des deux dernières pousses annuelles, dont la plus récente s'élève en forme de corolle aérienne, et l'ancienne retombe en calice. De sa naissance à la mort, pendant toute sa durée, le palmier est toujours noble et splendide. On en a fait l'image de la victoire. Je vois plutôt en lui le symbole végétal de la perfection native. Rien dans le palmier, sacré au soleil, et au divin Horus qui rappelle la lutte. Sa nature simple et grandiose, toujours calme et heureuse, n'a jamais connu ni contradiction ni misère. La conformité est ici absolue entre l'œuvre et l'instinct, entre l'idéal et la réalité. Le palmier me rappelle le doux et puissant génie de Raphaël, qui d'emblée trouva sa voie et atteignit sans effort les sommités de l'art. Arbre par excellence de l'Orient, le palmier est l'orgueil de l'Égypte, et la joie des musulmans. Ils disent que partout où fleurit le palmier fleurit aussi l'islam, et qu'après avoir créé Adam, il resta à Dieu quelques poignées de limon, et qu'avec ce limon, il façonna le palmier frère de l'homme. Aussi le prophète — que son nom soit béni ! — a prescrit aux croyants de respecter le palmier à l'égal d'une tante du côté paternel. Et quand un Zendj aperçoit un Arabe, nous raconte Masoudi, le Zendj se prosterne et s'écrie : « Salut à l'homme qui vient du pays des palmiers ! »

Le palmier dit *doum* ou thébain, a voulu mieux faire que l'autre. Il a donné à ses palmes la forme de l'éventail, forme on ne peut plus élégante quand elle est isolée; mais la réunion de ces éventails, lourde et massive, fait triste figure à côté des feuilles aériennes délicatement pennées du *nagl*, lequel, par compensation, ne donne qu'une ombre encore moindre, une ombre qui n'empêche de pousser le blé, ni aucune des petites cultures. Le doum a voulu se rapprocher du type dicotylédonique, il ambitionne un branchage, mais il ne fait autre chose que bifurquer ou trifurquer son tronc; essai gauche et malheureux qui aboutit à une déplorable maigreur. Rarement les doums embellissent le paysage; le plus souvent, on dirait des arbres, comme en font les gamins dans leurs premières ébauches de dessin : des balais solitaires, ficelés dans des positions contournées et gênantes. Je regrette d'avoir à dire du doum des choses si peu agréables — je respecte sa tentative, mais je constate et déplore son insuccès.

Le soir nous abordons à la hauteur de Kéneh, ville importante par son commerce avec la mer Rouge, proche du Nil en cet endroit. La nuit tombée, nous traversons les champs fraîchement labourés, et à dos d'âne ou d'homme un canal assez profond, et nous rendons visite au grand seigneur de l'endroit, consul de la Confédération Germanique, qui jouit, nous disait-on, de 750,000 francs de revenu. Retranchons hardiment un zéro. Sa maison est commode et ne manque pas d'élégance, son salon est orné d'un lustre qui ne déparerait pas le théâtre d'une ville respectable. Nos Prussiens étaient dans l'enthousiasme, ils admiraient jusqu'à ses eunuques; mais il leur eût été bien difficile d'admirer la conversation, qui, conduite par l'intermédiaire d'un drogman, aboutissait toujours à l'invariable : Monsieur le consul dit : « C'est très-bien. Merci. » Réponse dont on ne manqua pas de faire une scie à bord du *Férouch.*

8 décembre.

Le temple de Dendérah, conçu sous des proportions énormes mais parfaitement harmoniques, m'a beaucoup plu. Il y a de l'air entre les colonnes, on se sent moins écrasé que sous l'effroyable poids des plafonds d'Abydos. Les égyptologues de profession s'en soucient médiocrement, car il n'est pas de la belle époque; mais, pour l'esprit amoureux d'architecture plus que d'hiéroglyphes, il est certain que l'architecture a été en progrès constant pendant l'époque dite de décadence. On reproche aux signes hiéroglyphiques d'être surchargés, moins précis, moins fins et délicats, les statues n'ont plus, dit-on, la même expression de calme puissant et de souriante éternité. — Cela est vrai. Ainsi l'Isis de Dendérah n'est plus la grande déesse d'Abydos, mais une superbe princesse avec un corps voluptueux, et une charmante figure. C'est bien comme cela qu'on devait se figurer la beauté à l'époque de Cléopâtre qui a fait élever ce temple, et qui n'a pas manqué de s'y représenter comme fille et amie d'Isis. La petite coquine s'est fait sculpter en proportions colossales, et cela ne lui a pas nui, car elle est restée charmante. Tout en reconnaissant avec les savants que la sculpture et l'ornementation des parois ne valent plus ici ce qu'elles valaient autrefois, il est pour nous incontestable que le gros œuvre, que l'ensemble de l'édifice est d'un style supérieur, qu'il est aussi grand et simple, mais moins lourd. Les colonnes, toujours puissantes, ont monté en hauteur. Le bouton de lotus qui les terminait s'est entr'ouvert; entre ces troncs de pierre, entre cette végétation de rochers, l'espace s'est élargi, on peut marcher, reculer, se retourner, sans se heurter contre le grès ou le granit. Il y a plus de lumière. Ce n'est pas qu'il y en ait encore beaucoup, c'est une lueur jaunâtre seulement que de petites ouvertures, situées entre le plafond et la muraille, laissent tomber sur les parois noires. Le sanctuaire est toujours plongé dans l'obscurité la plus profonde; car, dans la religion de l'Egypte comme dans toutes les autres, c'est là où il y a le plus de mystère et de ténèbres, qu'il y a aussi le plus de sainteté. Le profane n'y voyait goutte; et, quant à l'initié, mieux habitué au demi-jour et aux clartés douteuses, il allait quelques pas plus loin et s'arrêtait à son tour. S'il fut au monde une religion de lumière, ce fut celle d'Osiris, et pourtant on a prétendu que le dernier mot du grand mystère, mot qu'on ne révélait aux adeptes qu'après d'effroyables épreuves, c'était celui-ci : « Osiris est un dieu noir ! »

Noir, Osiris l'était, ainsi qu'Isis, car les deux siégeaient dans le sombre Amenté, grandes divinités des morts, au même titre que Pluton et Proserpine. Au-dessus de la nef, dans une chapelle mortuaire, Isis-Athor était couchée au-dessus du sarcophage, comme la poule sur son œuf, comme le prophète Elisée sur le cadavre de l'enfant qu'il voulait ressusciter.

Ce qui m'a semblé le plus étrange, c'est la chapelle dite de Sirius. La divinité y est représentée ployée en trois, courbée jusqu'en terre; ses deux bras, qui semblent lui sortir de la tête, sont l'exacte contre-partie des jambes, l'extrémité des doigts est opposée à l'extrémité des orteils. « Ta Majesté, disait-on à Touthmès III, est semblable à l'étoile Seschet, qui projette la flamme et verse la rosée. » Du sein de la déesse, de sa matrice, émanent des rayons de lumière qui convergent sur une double montagne posée sous ses pieds, et dont chaque sommet se termine par un arbre. La vallée est celle du Nil, incontestablement. Un des sommets ne peut être que la Haute-Egypte, le royaume de Thèbes, et l'autre sommet la Basse-Egypte avec Memphis pour capitale. La déesse est jaune sur un fond noir parsemé d'étoiles. Ce n'est pas de l'art, mais un symbolisme naïf et grossier, comme ils le sont tous. Cette chapelle, ainsi qu'une galerie secrète autour de l'édifice, a été longtemps enterrée sous les décombres, aussi les sculptures y sont bien conservées; partout ailleurs, surtout dans les endroits d'un facile accès, elles ont été outrageusement mutilées et même salies d'obscénités. L'édit de l'empereur chrétien Théodose ordonnant la destruction des idoles et représentations païennes a été fidèlement exécuté; il a fallu, pour mutiler toutes ces figures, un fanatisme opiniâtre, ou beaucoup d'argent. Au travail des iconoclastes, est venu s'ajouter celui des abeilles maçonnes qui ont recouvert presqu'en entier une des faces du bâtiment. Mais ce qui reste est suffisant pour la joie de l'artiste et de l'antiquaire. C'est par un beau matin que nous avons vu Dendérah. Le soleil dorait de ses plus beaux rayons la figure d'Isis que Russell voulait être celle de Cléopâtre, et la figure de Cléopâtre qu'il voulait être celle d'Isis. Cette fois-ci le grand journaliste des deux mondes était costumé moitié en général, moitié en chasseur tyrolien, et montrait de magnifiques mollets.

Et j'allais oublier Pacht, la « Grande-Chatte » déesse de la mort qui, à travers la muraille du temple, passait sa tête énorme, regardant nos allées et venues dans le monde des vivants, et choisissant peut-être du regard celui d'entre nous que, d'un coup de sa griffe puissante, elle va précipiter dans l'éternelle nuit !

9 Décembre

A Louxor, notre première pensée est d'aller visiter le fameux obélisque, frère de celui qui est sur la place de la Concorde. Admirable ironie de la destinée qui, laissant une de ces grandes pierres sur place, transporte l'autre à Paris, si loin, si loin, où elle n'a d'autre signification que de peser cinq cents tonnes métriques, et d'avoir coûté au peuple français, le plus spirituel de la terre, quatre francs le kilogramme ! Dans le langage symbolique des Egyptiens, l'obélisque est le signe de la stabilité. Voilà Ramsès II qui avait dressé dans les airs ces énormes monolithes pour témoigner aux générations futures de l'éternité des institutions pharaoniques, de la perpétuité du royaume de Thèbes, et le monument érigé à la gloire de sa dynastie a été déraciné de ses fondements, emballé comme un colis, voituré à travers deux fleuves et deux mers, déballé à Paris, la ville des révolutions et mis en place. Où? à l'endroit précis où avait été guillotiné le chef de l'illustre maison de Bourbon, le représentant d'une famille souveraine qui avait duré presqu'un millier d'années ; à l'endroit où fut aussi guillotinée la reine de France, héritière des Césars du saint empire romain. Quel amer contraste, quelle sanglante ironie ! Comme l'histoire raille nos prétentions et nos vanités !

Autre contraste. Les temples ne sont qu'à moitié déblayés, une moitié de ville s'est logée dans leurs débris. Perchées sur les chapiteaux des colonnes, des huttes de fellahs y ont été bâties en torchis et granit rose, des bouses de vache y séchent contre des sphinx. A travers une porte ouverte je vis une famille accroupie autour d'une marmite de doura. Le plus gai des rayons du soleil se jouait sur deux enfants aveugles. Du reste ces huttes et même les pigeonniers sont construits dans le style des pylones, et leur ressemblent autant qu'une cabane peut ressembler à un palais.

J'eus l'imprudence de tendre une orange à un marmot, aussitôt je fus environné par une nuée de petits mendiants. On me tendait les menottes de nourrissons dont on ployait la main en cuillère pour que j'y misse quelque chose. Les gamins qui se pressaient autour de moi chantaient en cadence : *Batchich, havadji, batchich* (étranger, un présent). Je leur répondis aussi en mesure : *Batchich mafich* (pas de présent), et ça les mit en jubilation ; ils étaient plus heureux que j'entrasse dans leur jeu que si je les eusse aspergés d'une pluie de sous.

Les pauvres Arabes ne sont pas les seuls logés dans les ruines pharaoniques ; les chrétiens, eux aussi, y avaient installé une église ; sur des hiéroglyphes ils avaient étendu une couche épaisse de mortier, et peint des fresques, dont on voit encore les débris — palimpsestes d'un nouveau genre.

De Louxor, de petits ânes nous portent en quelque temps de galop à Carnac, où nous passons la journée. Nous faisons notre entrée dans l'ensemble de ruines le plus colossal qui existe au monde, par une avenue de sphinx, jadis à tête de bélier, avant qu'ils ne fussent décapités par Cambyse ; car de temps en temps il arrive qu'on décapite des divinités.

Carnac se voit mais ne se décrit pas. Je puis dire que dans un sanctuaire, jadis terrible et sombre et maintenant effondré, des moineaux voletant de ci de là, se pendant aux corniches, se glissant dans les fentes des parois, égayaient là scène du froufrou de leurs ailes et de leurs pépiements aigus — mais comment donner une idée des colonnes, hautes, épaisses de je ne sais combien de mètres, autour desquelles les pierrots s'ébattent et s'ébaudissent ? On se sent mince comme un insecte, tandis qu'on avance entre ces piliers qui encombrent l'espace. « Poésie énorme » à réjouir Victor Hugo. Végétation de pierre, obélisques de cent pieds de haut, roseaux gros comme des chênes séculaires, blocs gigantesques mal suspendus dans les airs, masses croulantes, éboulis, chaos. Au bout de l'avenue des six cents sphinx, se dressent deux pylônes, hauts comme une citadelle ; à côté, deux colosses se tiennent debout, gardant les temples et les palais, les rois et les dieux ; ils n'ont plus de tête, mais qu'importe !

Il fait bon rêver ici au soleil couchant, contemplant l'orgueil des Osochor, des Thotmès, des Psinaches et Psusennes, regardant ce qui nous reste des victoires et conquêtes des Pharaons, tandis que l'immense géant Ramsès égorge toujours des tribus de pygmées. Ces débris prennent au crépuscule des formes étranges,

on dirait des cristallisations chimiques, des cubes et aiguilles
de carbonate de chaux. Au milieu de ces pierres, contre un
ciel safran s'élèvent des palmiers, qui se mirent dans des étangs
encore remplis provenant des eaux de la dernière inondation. Que
les ruines sont belles ! Mais nulle ruine ne vaut celle de la superbe
capitale des Fils du soleil, et l'on sourit de pitié à la figure que
feraient auprès de ces décombres amoncelés et le Louvre et les
Tuileries et Notre-Dame. A côté, la basilique renversée de
Saint-Pierre de Rome ne serait plus qu'une chose mesquine et misérable.

Sur le pylone du grand temple de Carnac, la première république a mis la main : en l'an VIII, l'armée française passa
par là.

10 Décembre.

Nous visitons la plaine où fut Thèbes, laquelle avait pu se glori-
fier pendant un millier d'années d'être la plus grande ville du
monde. De la cité proprement dite, il ne reste plus rien. Tout ce
qui fut habitations civiles a été enseveli, décomposé, emporté,
transformé; le laboureur conduit le soc de sa charrue sur des
rues jadis populeuses, des places autrefois bruyantes. De tant de
splendeurs il ne reste plus que les ruines de quelques temples et
palais, et les débris de la grande nécropole ou cité des morts.

Après Abydos et Dendérah, le petit temple de Gourneh ne nous
a pas arrêtés longtemps ; c'est, comme disent nos archéologues, un
produit de la décadence, c'est-à-dire une œuvre charmante. Médi-
net Habou montre un temple et un palais, — le temple élevé, soi-
disant, en l'honneur d'Ammon Ra, mais en réalité à la gloire de
Ramsès, qui, debout sur son char, écrase et fracasse des ennemis,
les transperce de ses traits et les fauche avec sa faucille, les ramassant par leur chevelure, comme le moissonneur rassemble les épis.
Dans l'antiquité la plus reculée comme en des temps plus rappro-
chés, on dirait que la seule et unique fonction des rois est de tuer,
et de toujours tuer, on dirait qu'ils ne savent faire que ça. — Je
me trompe, ils savaient, en Egypte, présenter aussi des offrandes
à Dieu, c'est-à-dire aux prêtres. Sur les dehors des monuments,
à l'extérieur, aux côtés que le peuple devait voir, le roi apparaît
comme le plus terrible et le plus gigantesque des guerriers, — le

peuple a toujours aimé le soldat et en a eu toujours peur, c'est connu. Mais dès qu'on entre dans l'édifice sacré et qu'on se rapproche du sanctuaire, le caractère militaire s'efface de plus en plus, et le roi prend peu à peu un caractère ecclésiastique. — Il ne faut pas être très-fort en rébus pour deviner que le monarque n'est plus que l'exécuteur politique des volontés sacerdotales. La théocratie s'empare des rois en les consacrant. Quand les prêtres égyptiens ont été déboutés du gouvernement direct par on ne sait quelle révolution, ils eurent l'ingénieuse idée de dire au dynaste qui venait régner en leur lieu et place : « Tu es une émanation directe de la divinité, Ammon est ton père (Alexandre de Macédoine le crut). Tu es Dieu, fils de Dieu. » Dès que ces idées sont entrées dans la tête du roi, le voilà devenu le plus ardent zélateur de l'orthodoxie, le plus pointilleux observateur du rituel. Le temple s'encombre de représentations qui nous montrent le souverain faisant ses offrandes aux dieux; ici, égorgeant un bœuf, là des brebis, ici faisant des libations d'huile, là des fumigations d'encens. Plus nous avançons dans le sanctuaire, plus les offrandes deviennent nombreuses et pressées, plus les postures deviennent humbles, et, à la fin, nous voyons le monarque, naguère si orgueilleux et gigantesque sur la façade, s'agenouiller, pygmée lui-même, devant le dieu terrible.

La plus belle pièce du temple est encombrée d'une seconde rangée de colonnes, lourdes et grossières, que les chrétiens ont eu la maladresse d'accoler à celles de Pharaon. Je suppose que c'était là leur cathédrale, le centre de leur culte et le quartier général de la Thébaïde.

J'eusse volontiers visité une tour qui subsiste encore du palais royal, carrée sur sa base, largement ouverte à l'air et la lumière. On dit qu'elle renferme des représentations très-curieuses de Ramsès, dans sa vie publique et privée ; mais les échelles manquaient, et déjà le soleil se couchait derrière les montagnes de la ville des morts.

11 Décembre.

De grand matin nous partîmes, et cette fois j'eus le bon esprit de ne pas me hisser sur le dos d'un cheval ou d'un bourriquet. Des euphorbes, humbles herbacées chez nous, sont ici des arbustes;

un naturaliste de la Béhérah me dit que c'est l'*asclepias gigas*. Va
pour l'asclepias gigas. Les trèfles, les luzernes, les fèves, les pois
sont d'une verdure éclatante; les âniers à mon côté en prennent
par poignées, non point pour leurs bêtes, mais pour les croquer
eux-mêmes à belles dents. — Nous allons de compagnie jusqu'au
temple de Gourneh; puis on se divise, des compagnies particu-
lières se forment. Chacun s'est muni d'un sac avec une bouteille
de vin, du pain et autres victuailles — on ne dépend de personne,
mais rendez-vous général est pris au crépuscule pour la traversée du fleuve, qui demande une heure et demie. J'avais mon idée,
je voulais aller tout seul, jouir d'une entrevue seul à seule avec
la fille du Nil et du désert.

En attendant, avec plusieurs compagnons, je poussai jusqu'aux
ruines du petit temple d'Assassif, à côté duquel j'entrai dans une
construction funéraire composée de trois longs boyaux à angle
droit. — L'infection dans ces galeries non ventilées depuis
trente siècles, était telle, que je fus bientôt abandonné de tous
— j'allai jusqu'au bout, mais certes, il n'en valait pas la peine :
on marchait difficilement sur les décombres; car, avec une rage —
de mutilation inconcevable, des hommes — ce ne pouvait être
que des moines — avaient soutenu l'horrible puanteur, afin de
faire sauter à coups de marteau les hiéroglyphes des parois
Le sol était jonché des débris sur lesquels on trébuchait, la
bougie ne donnait que de faibles et lugubres lueurs. J'arrive ainsi
jusqu'au trou de la sépulture, creusé à pic dans le couloir. — Je
faillis m'y laisser choir, puis Jean s'en alla comme il était venu,
sauf qu'une heure après, ses poumons n'étaient pas encore net-
toyés. — Aux alentours, le sol de la colline est parsemé de chiffons, poteries et ossements. Depuis des siècles on a sondé, fouillé,
pillé les tombes, on en trouve, on en dépouille toujours de nouvelles. Les Arabes du voisinage exercent l'industrie du chacal, et
vous vous débattez contre des hommes, des vieillards, des garçons
et jusqu'à des petites filles qui exhibent des scarabées, des colliers,
des bracelets, des pieds, des mains, des têtes de momies. C'est quelquefois lugubre à voir que ces têtes noires, ces figures crispées
roulant de main en main aux cris de : « Hawadji! Antique! Assassif! »

C'était maintenant l'heure de midi, nous étions au fond d'un
vaste cirque de rochers. Au-dessus de nos têtes s'élevaient les
parois à pic, les pignons et tours rondes de la montagne; le grès

chauffé à blanc nous envoyait des effluves de chaleur, le soleil dardait sur nous ses flèches cuisantes. Après avoir eu froid toute l'année, je me dégelais enfin le onzième jour de décembre; mes tempes distillaient incessamment des gouttes de sueur. C'est le jour ou jamais de me donner un bain de soleil, pensai-je en mesurant de l'œil les crêtes sourcilleuses qui s'enfonçaient dans le ciel bleu et les faucons planant à mi-rocher. L'ascension eût paru impossible à un novice, mais j'avais assez d'expérience des montagnes pour distinguer un sentier en zig-zag, contournant les rochers. Le calcaire effrité donnait partout une prise commode aux pieds et aux mains. En définitive, ce n'était pas plus difficile à grimper que la colline de Saint-Cloud. D'ailleurs j'étais las de ma vie de chanoine, de mes deux succulents repas par jour; j'avais besoin de lutter un peu avec notre mère nature, et de sentir sur mon épaule le poids de sa main si puissante et si tendre. Et les coups de soleil? — Bah! dans toute l'expédition, ils n'ont encore frappé que miss Russell, qui hier se promenait dans le temple de Médinet-Habou avec des plumes de coq flottant gaillardement sur son toquet bleu, et le nez enfariné d'une croûte blanche. On m'a assez souvent répété que de tous les coups de soleil les plus dangereux de beaucoup sont ceux qu'on attrape dans l'humide Normandie, vers le mois d'avril ou de mars.

Pour bien faire la chose, je voulais donc être seul. Mais n'est pas seul qui veut, quand on est censé être un prince en voyage. Parmi les Arabes qui nous entouraient nous criant : antiques! antiques! quelques-uns, s'apercevant que je m'apprêtais à gravir, m'arrêtèrent tout aussitôt : « Havadji! Sir, Mousu, Signor, Gentleman, Caballero, Guide] bouno, Guide bounissimo! » Comme j'allais prétendant ne pas les entendre, la troupe me suit, braillant de plus belle. Je vais toujours, l'un prétend alors me décharger de mon sac à provision : « Havadji, Guide bouno! » — J'avais été un ambitieux en prétendant avoir une entrevue sans témoin avec l'Egypte de mes rêves. Assez penaud, je remis mon sac à un jeune et vigoureux gaillard qui montra tout aussitôt son bâton aux camarades pour leur signifier que j'étais devenu sa propriété. Ce qui n'empêcha pas une demi-douzaine de polissons de suivre l'expédition en amateurs. Pour me débarrasser de ces importuns, j'eusse dû jurer, m'enrouer et m'égosiller, surtout jouer de la matraque et du courbache; tandis que j'ai la satisfaction de dire que dans ce pays des bastonnades je n'ai frappé ni homme ni bête.

La montée fut moins pénible encore que je ne l'avais cru. J'eus ma bonne suée, il est vrai et la culotte largement déchirée. Parvenu au faîte, je n'étais pas dans les meilleures conditions pour apprécier le paysage, avec des yeux éblouis et une cervelle bouillant dans le crâne comme dans sa marmite le chou à l'étuvée. — C'était toujours l'aspect de l'Egypte, tel que je l'avais vu à Syout ; seulement les proportions étaient plus grandioses, la montagne s'élevant abrupte comme la paroi d'un précipice sur la vaste plaine noire et verte, traversée par les replis argentés du Nil. Isis est noire, comme le limon fertile, elle habite Kémi, ou le pays noir. Nos vierges noires, celles du Puy, par exemple, viennent d'Égypte, c'étaient des statuettes de la divinité mère avec l'enfant Horus. La noire Isis était représentée avec des vêtements bariolés, nous dit Plutarque, parce que le pays, fécondé par le fleuve, se recouvre d'un tapis de plantes aux mille couleurs. Par contre-partie, on ne peut dire l'aridité des croupes se repliant à droite et à gauche, la désolation des plateaux et ravins de la chaîne Libyque. Rien que du sable d'un blanc jaunâtre, des cailloux noircis, des masses calcinées et brûlées. On se figure ainsi une planète incandescente : aucune mousse, aucun gazon, même desséché, aucun oiseau, — un silence absolu, une vide vastitude.

Ce n'était point l'heure de contempler longtemps ce spectacle, et bientôt je redescendis l'autre côté de la montagne, où il faut se laisser glisser par un étroit couloir de rocher en rocher. En ce moment, le guide était assez utile. A mi-côte, j'avisai une anfractuosité avec un peu d'ombre et de sable, où je m'arrêtai pour faire mon repas. C'était Ramadan, le mois du grand jeûne, mais mon guide prétendit être au-dessus de cette superstition, et quant aux enfants, ils sont dispensés de toute pratique religieuse jusqu'à l'âge de raison. Avec ces yeux brillants qui suivaient en admiration toutes mes bouchées, devant ces dents blanches et aiguës, je me réduisis à la ration strictement nécessaire. Le repas achevé, et les enfants se dispersant comme des moineaux qui ont reçu leur becquée, je pus me livrer aux douceurs de la sieste, jusqu'à ce que, l'ombre se retirant, je fus réveillé par le soleil qui me brûlait les jambes. — En route pour l'autre côté du ravin, pour Biban-El-Molouk, les tombeaux des rois.

Ces tombeaux qui disent le secret enseveli avec les momies, qui nous révèlent ce que des philosophes pensaient, il y a quelques milliers d'années, sur des problèmes que nous discutons toujours, je n'ai pu les étudier que pendant quelques heures. Or, des savants disent que, jusqu'à présent, on ne sait rien sur l'Egypte, rien qui vaille, qu'on a trop fait fond sur les relations grecques, que tout est à refaire, tout à recommencer. En attendant le résultat de ces longs travaux, et jusqu'à ce que les études modernes aient réformé nos notions sur l'histoire, « cette fable convenue, » que puis-je dire, moi qui dans ces magnifiques recherches ne suis que l'un des mille et trois touristes européens auxquels une heureuse fantaisie du khédive a bien voulu, en un jour de bonne humeur, faire l'hospitalité du pays ? Je raconterai simplement les tableaux que j'ai vus, et que je m'expliquais avec les bribes de renseignements vrais ou faux qu'on glane dans la littérature courante.

Les tombeaux sont nombreux et vastes. On en a numéroté une quarantaine, composés de couloirs avec chambres et niches latérales, se prolongeant à quelques centaines de mètres dans l'intérieur de la montagne. Il y a les tombeaux des rois, et, à part, ceux des reines, puis ceux des grands personnages et hauts fonctionnaires. Dans certains sépulcres on a spécialement représenté les métiers des défunts et leurs occupations ; il y en a d'autres où l'on a voulu dépeindre les conceptions religieuses relatives à l'autre vie ; c'est à ces derniers que j'ai donné à peu près tout le temps dont je pouvais disposer.

La valeur artistique des dessins est loin d'être uniforme. Dans la même crypte d'exécrables caricatures peuvent faire suite à des chefs-d'œuvre. Pas besoin d'être amateur de profession pour admirer la sûreté et la hardiesse du coup de crayon sur des parois blanchies qui attendent encore le sculpteur. L'artiste tendait à faire grand et à couler les figures d'un seul jet. C'est certainement le plus beau des procédés, mais il n'est possible que dans un art très-simplifié, avec des canons convenus et toujours observés. La main reproduisant constamment les mêmes types, peut arriver à une dextérité et à une maîtrise étonnantes. Mais nos conceptions sont trop individuelles, trop compliquées, pour que nous puissions pratiquer cette manière. Nous cherchons toujours, et c'est là notre gloire ; tandis que les Égyptiens avaient trouvé une fois pour toutes ce qui les a satisfaits pendant des siècles. Avec leurs règles fixes et arrêtées, ils avaient transformé l'art en une calligraphie dans laquelle chaque trait, chaque demi-trait avait sa signification bien arrêtée ; tandis que notre art est encore resté l'art. Nous ne produisons, au point de vue sacerdotal et immuable, que des essais et des études ; mais ces essais sont de plus en plus complets, ces études de plus en plus riches, ces ébauches de plus en plus puissantes. En devenant symbolique l'art cesse d'être l'art qui n'existe qu'à condition d'être toujours libre, toujours jeune et nouveau. Un homme du 19e siècle, dont la génération a reçu les leçons de Cuvier, d'Owen, d'Oken et de Geoffroy Saint-Hilaire, ne peut que protester contre ces conventions abstraites, contre ces accouplements impossibles. Passe encore de voir les déesses s'enveloppant modestement le corps de leurs longues ailes, nous y sommes tellement habitués par notre peinture religieuse, représentant des anges, des chérubins et séraphins, que nous n'y faisons nulle attention ; passe encore pour les têtes de chacal sur des corps d'homme, des têtes de chatte sur un corps de femme ; mais nous n'acceptons pas qu'un oiseau muni de bras traîne un bateau au bout d'une longue corde ; l'instinct du naturaliste latent en chacun de nous proteste à la vue d'un reptile ou d'un scarabée sortant d'une poitrine humaine. Aujourd'hui la science ne permettrait plus à la foi d'en prendre tellement à son aise.

Mais dans ces tombeaux il s'agissait de religion et non point de l'art ou de la science comme nous l'entendons. J'avais devant moi, Kar Neter, une représentation vivante de l'Enfer et du Purgatoire, telle qu'elle existe encore dans l'immense majorité de nos populations. Voilà le jugement après la mort : Thot et Osiris, Isis, Athor, dieux de lumière, se sont transformés en divinités funèbres. L'âme accomplit ses longues pérégrinations à travers des centaines et des centaines de siècles. Elle traverse des marais et de profondes eaux dans une barque conduite par Charon, elle erre dans des labyrinthes de ténèbres ; désespérant voyage représenté par les sinueux replis d'un serpent qui n'en finit pas, le long duquel cheminent de lentes limaces, et veillent les chacals de la nuit. Le mort arrive enfin devant les 42 juges de l'Amenté, il est introduit entre leurs deux rangées. Le livre est ouvert dans lequel Thoth a relaté tous les actes bons et mauvais qu'a commis le prévenu. La balance est prête dans laquelle Horus pèse les cœurs, les bourreaux sont prêts aussi, aiguisant des couteaux. Déjà de vengeresses Euménides tiennent, lient les coupables ; elles abattent des têtes, coupent des pieds et des mains, fouettent et font bouillir dans des chaudières. Après quoi les méchants sont anéantis. Mais, à la conjonction du

soleil, de la lune, de Sirius et de tous les astres du ciel, les justes
renaîtront à une vie meilleure dans la campagne Alissa, dont les
anciens ont fait les Champs-Élysées ; ils cultiveront sans peine
un froment qui aura neuf coudées de haut ; ils se baigneront
dans les eaux d'un Nil céleste. Ces osiriaques, ces illuminés, ces
sanctifiés, Isis a bien voulu les prendre par la main, les couvrir
de sa puissante protection, et les présenter elle-même au Maître
de l'éternité, Roi des temps immenses, le bon Osiris, le Rédempteur,
qui n'a cessé de veiller sur les âmes et s'est lui-même substitué à
elles dans leurs plus terribles épreuves.

Je m'aperçois que j'ai été entraîné à prononcer le mot d'anéan-
tissement. Cependant, j'ai vu un porc qu'on avait l'air de chasser
à grands coups de gaule vers la terre, qu'on avait l'air, — dis-je,
car voici M. Brugsch qui, après lecture des textes égyptiens, nie
carrément la transmigration des âmes qu'ont affirmée tous les au-
teurs grecs, mais sur ouï-dire seulement.

Il était intéressant de voir les attitudes de prière avec lesquelles
les âmes implorent la fin de leur longue attente et le retour à
l'existence. On les voit supplier à travers les pierres du sépulcre,
s'en échapper sous forme d'oiseaux, voltiger à genoux sur le ciel
étoilé. Leur immense passion et leurs longs désespoirs s'expriment
par des gestes d'une naïveté extrême, on voit leurs bras s'allonger
démesurément vers le trône de l'Eternel Juge. L'arrêt des justes
prononcé, les âmes se pressent autour du Dieu qui dispense la vie
en gouttelettes de lumière émanant de son visage, de sa poitrine,
de tout son corps, et spécialement des parties génitales.

A ce propos, j'ai copié, en passant, un dessin dans lequel le
persea ou arbre de vie était tout simplement un arbre à pain, et,
pour fruits, portait des galettes.

En revenant du dernier tombeau, un long couloir sans trou, où,
il n'y avait nul danger de s'égarer ou de tomber dans une fosse,
j'éteignis ma bougie et remontai lentement vers la terre des vivants.
A cette distance et à cette profondeur, la lueur qu'on apercevait par
la plus faible des ouvertures, n'était autre chose que l'obscurité de
minuit entrevue du fond des ténèbres du sépulcre ; — c'était comme
ce qui restait de courage et d'espérance dans une de ces pauvres
momies emboîtées dans quatre bières, enfermées dans un sarcophage de granit au cœur de la montagne, attendant depuis dix fois
mille ans qu'au bout de dix mille fois dix mille autres années un

rayon du glorieux Ammon-Ra vint enfin illuminer l'Amenté, sombre et lourde nuit.

Vers le soir, je regravis la montagne, redescendis dans la plaine de Thèbes et me débarrassai de mon guide. Je musai sous les colonnes du Ramséion, à travers lesquelles le soleil dardait encore ses obliques rayons. Je considérai ces pylones qui tombent bloc à bloc, et l'énorme statue de Ramsès, brisée comme par la foudre, renversée sur le dos, la tête fendue, la double tiare arrachée. Par dessus cette masse de granit, énorme orgueil et immense destruction, se voyait toujours sur le pylone l'image du conquérant massacrant et balayant des multitudes de myrmidons.

Cette prodigieuse statue, dont l'œil est grand comme un tambour, gît fracassée sur le sol. Ce géant est mort, jamais plus il ne se relèvera sur ses pieds. Cette chute est un moins lamentable spectacle que celui de l'irrémédiable décadence des deux colosses à un petit kilomètre de là. L'un d'eux est le fameux Memnon, dont l'Aurore arrosait le berceau de larmes de rosée, et qui, au dire de la légende grecque, tué à la fleur de ses ans, gémit dès qu'il voit sa mère lui apparaître. Aujourd'hui Memnon ne gémit plus, il ne chante plus, Memnon et son frère ont passé l'âge des pleurs et des chants. Chaami et Taami, comme les appellent les Arabes, chacun avec sa perruque dans le dos, sont assis sur leurs fauteuils, derrière une avenue de sphinx, devant un temple et un palais qui n'existent plus. Jadis ils siégeaient au milieu d'une ville immense, regardant de haut en bas sur les multitudes bruyantes. Ils n'ont pas bougé ; mais la cité a disparu, se fondant en boue, les eaux l'ont emportée brique à brique ; elle s'est émiettée en poussière, le Khamsin l'a balayée dans le désert, mais eux, ils trônent toujours les mains sur les genoux. Ce qui était un palais est aujourd'hui un champ de fèves, ce qui était forteresse est semé en lupins. Pendant neuf mois on laboure, on moissonne, pendant trois mois le Nil débordé baigne leurs pieds, leur ombre tombe sur le flot qui toujours fuit, mais eux ne bougent point, ils sont toujours immobiles. Immobiles, mais non point immuables, car le temps a lourdement pesé sur leurs têtes, chaque siècle en passant les a mordus et ébréchés. Plus de nez, plus de mâchoires, plus d'yeux, plus de front, leur physionomie n'est plus qu'une épouvantable grimace, et cependant toujours ils regardent avec l'œil fixe et cave de l'aveugle. S'il est resté quelque expression dans leur attitude et dans ce qui fut leur visage, c'est

l'expression d'un ennui infini, d'une lassitude incommensurable.
S'ils avaient la force de vouloir, ils appelleraient la mort, mais ils
l'ont espérée si longtemps qu'ils désespèrent de jamais l'obtenir. S'il est un endroit sur la terre où, en faisant garde
nuit et jour, on puisse attendre la visite du Juif-Errant, c'est
aux pieds de ces énormes monstres fatigués et surannés, déla-
brés et dépenaillés. Voilà ce que c'est que de se survivre. Ces
êtres sont grandioses, mais ridicules et lugubres. Pourtant ils
furent jadis des dieux, et régnèrent redoutés et terribles sur la
ville la plus puissante, la plus glorieuse et la plus magnifique qui
fût au monde.

J'étais là regardant les colosses qui se détachaient sombres et
noirs contre les splendeurs du couchant, je réfléchissais à l'immense utilité de la mort, quand je fus réveillé par une voix :
« Havadji, Babour! » C'était mon guide que j'avais depuis plus
d'une heure congédié, et qui venait pour avoir le plaisir de
m'accompagner et se faire compter un supplément de paye par
Hassan Effendi.

12 Décembre.

Nous abordons à Erment, par une matinée splendide, par une
de ces matinées que les hiéroglyphes, plus poétiques qu'ils n'en
ont l'air, représentent par un charmant enfant, ou par la fleur
rayonnée du lotus ouvrant ses blancs pétales au-dessus des eaux
profondes. Erment a quelque analogie avec tel ou tel joli petit village sur les bords de la Garonne; le long du fleuve une chaussée
d'arbres touffus, sous leur ombre des maisons proprettes, de l'air,
de l'espace, de la gaîté, une agréable petite aisance. Aux fenêtres,
plusieurs Français et même quelques Françaises; ce sont des employés. Les hautes cheminées des sucreries se montrent au-dessus
des vergers. Tout le long du fleuve, on voit de ces usines au centre
de cahutes en boue. Ceci tuera cela. Je ne serais pas étonné
qu'il y eût plus de vapeur dépensée par tête d'Égyptien que par
tête d'Auvergnat ou de Breton. Et l'on me dit que dans le Delta
les grandes cultures du vice-roi se font par des machines agricoles très-perfectionnées. Il est impossible que l'industrie s'im-
plante dans le pays des Pharaons, il est impossible que des
pompes à vapeur s'installent en face des pyramides, sans que les

institutions politiques et sociales n'en soient bouleversées, et que
la condition du fellah ne soit révolutionnée. — D'abord, pour le
pire, craignons-nous, ensuite pour le mieux, espérons-nous.

C'est dans ce délicieux village d'Erment que la tradition place le
lieu de naissance de Moïse ; c'est dans les roseaux, sous ces acacias, à cinq cents mètres de la grande sucrerie, que la princesse, en se baignant, aurait aperçu le petit berceau.

Chacun de nous s'échappa dans les jardins et vergers : cette
fraîcheur matinale, cette pureté de lumière, cette splendeur du
fleuve, tout cela montait au cœur comme une douce ivresse ;
les plus revêches avaient un sourire dans les yeux, tandis
qu'ils revenaient au bateau, portant qui un limon énorme, qui
des palmes, qui un bouquet de roses ou de basilic. — Pourquoi
tous les villages sur les bords du Nil ne sont-ils pas comme
celui-là, et pourquoi toutes nos matinées ne sont-elles pas comme
celle d'Erment ?

À Esneh, nous ne manquâmes pas d'aller voir le temple, un
des plus modernes, que déclarèrent charmant tous ceux qui ne
prétendaient point jurer sur les arrêts de l'archéologie régnante. La salle est carrée, à colonnes comparativement élancées, les chapiteaux variés représentent des palmes qui s'entrou-
vent, des lotus fleurissants. L'architecture égyptienne a enfin son
moment d'expansion. Le type est ici modifié et par le génie grec,
et par le romain. Dans la masse pharaonique, le Grec a fait jouer
l'air et la lumière, le Romain a mis l'ordre imposant qui caractérise tout ce qu'il a touché ; on reconnaît sa main dans la disposition régulière des hiéroglyphes. Ces hiéroglyphes, il faut
l'avouer, sont d'une pauvre exécution ; et les sculptures — ceci est
plus grave — sont d'un style lâche et négligé.

Pourquoi l'architecture a-t-elle pu faire des progrès alors que
la statuaire se détériorait ? — M'est avis que le temple égyptien
représentait non pas seulement la religion indigène à laquelle on
ne croyait plus guère, mais la religion en général à laquelle on
croyait encore. Il représentait de plus l'immense institution impé-
riale. Comme on n'ajoutait plus foi aux doctrines enseignées par
les hiéroglyphes, on ne les gravait plus sur les murailles que par
acquit de conscience, c'est-à-dire fort mal. Isis et Osiris n'étaient
plus que des formules philosophiques pour les uns, qu'une grossière superstition pour les autres. Quand on rendit hommage
à tous les dieux en bloc, c'est-à-dire à aucun en particulier, on

les rassembla tous dans un même Panthéon, ce qui signifie qu'on étiqueta leur collection dans un musée. L'art entra en conflit avec la tradition, et la vérité du statuaire avec la vérité de l'orthodoxie. Dans un temple l'artiste ne pouvait pas manquer d'avoir tort contre le prêtre. Toute proportion gardée, il devait se passer alors ce que nous voyons dans nos expositions de chaque année, en France tout particulièrement. La moyenne de nos œuvres profanes est de plusieurs degrés supérieure à la moyenne des œuvres religieuses. Instruit par une longue expérience, dès qu'au salon des Champs-Élysées, j'aperçois ces malheureux produits d'une religion de commande et d'un art au rabais, je passe sans regarder. Comment la postérité jugerait-elle l'art français contemporain, si par un hasard quelconque elle ne devait en connaître que les produits religieux ? — Je ne puis donc suivre nos érudits, qui déclarent carrément que l'art égyptien est d'autant meilleur qu'il est plus ancien. Je fais les réserves qu'un simple touriste a le droit de faire, en prétendant que l'architecture a progressé sous les Lagides, et non pas seulement qu'elle s'est conservée, comme dit Champollion le jeune, qui, à ce propos, se sert d'une heureuse expression : « L'architecture est un art chiffré. »

Quant à la sculpture à partir des Ptolémées, je me permets encore de distinguer entre la statuaire orthodoxe et la statuaire courante gréco-égyptienne qui a produit des Sérapis de toute beauté, des Antinoüs, et les Bacchus qu'on a récemment découverts à Zakhara. La décadence romaine a certainement commencé le jour, l'heure et la minute que Jules César, ce malfaiteur, a passé le Rubicon ; mais elle n'a pas été accomplie au même instant, et l'art gréco-romain a encore eu le temps de construire, entr'autres, cette merveille d'architecture qu'on appelle la Maison-Carrée. Il ne faut pas oublier que les événements que nous résumons d'un mot ont pu durer plusieurs générations, et que le temps est la matière dont l'histoire a été faite.

Relativement aux sculptures et hiéroglyphes, on divise l'art égyptien en quatre grandes périodes. Celle du premier empire, représentée par les charmantes merveilles trouvées à Zakhara, le tombeau de Ti, la délicieuse statuette du Cheik el bèled, de même origine, qui a cinq mille ans et qui est toujours vivante ; par l'admirable statue du roi Chafra, le constructeur de la grande pyramide, portrait superbe, empreint de grandeur, de majesté et de ressemblance. C'était l'époque de la création, de l'invention ; les types n'étaient pas fixés, l'imitation de la nature y est gauche et naïve, admirablement réussie quelquefois, joyeuse et sincère toujours. C'était la grande époque certainement. On ne connaît rien encore de celles qui l'ont précédée de même que naguère on ignorait les sources du Nil. Mais faut-il pour cela sacrifier impitoyablement toutes les périodes qui ont suivi ?

Vient en second lieu la décadence sous les Hyxos.

En troisième lieu, la reprise sous Séti, auquel nous devons Abydos. Une première décadence, nous dit-on, se rencontre déjà très-visible sous Ramsès, le propre fils de Séti, et fait après lui des progrès très-rapides.

En troisième lieu, après les Ramséides et leurs successeurs, les égyptologues placent, à l'avènement de Psammeticus, une nouvelle *Renaissance* dans laquelle on revient à la nature, mais avec moins de gaucherie et de naïveté, et avec plus de finesse, d'esprit. Toutefois, les savants n'hésitent pas, ils maintiennent toujours la première période au premier rang dans leurs affections. Quant au touriste soussigné, tout en reconnaissant qu'on ne peut voir rien de supérieur aux statues de Chafra et du Cheik el beled, il avoue ses petites préférences pour la renaissance Saït.

La quatrième époque, celle des Ptolémées et des empereurs Romains, est, pour nos amis les académiciens, l'abomination de la désolation, tant pour l'architecture que pour la sculpture. Nous nous permettons des réserves quant à l'architecture, et hasarderons une distinction entre la sculpture religieuse et la profane.

Pour un archéologue de Berlin avec lequel nous discutions souvent ces matières, la grande époque est celle du temple d'Abydos, à cause de son caractère profondément religieux ; parce que du simple portrait, l'art s'y est élevé jusqu'à la conception idéale et surhumaine ; parce que les dieux d'Abydos sont des dieux et non pas seulement de beaux hommes. Et sauf les détails conventionnels, il serait même impossible de distinguer entre dieux et déesses.

La discussion s'agitait entre le professeur qui tenait pour l'idéalisme contre ce qu'il appelait le matérialisme, et moi tenant pour l'opinion contraire. Querelle qui date de longtemps. — « Le naturalisme, apparence tout à fait superficielle des choses, prétendait mon ami, n'est que grossièreté. Quand il infeste une civilisation, c'en est fait de l'art. » — « Le spiritualisme, répliquai-je, a le tort de se séparer de la nature, de ne pas se faire incessamment féconder par la réalité. Aussi n'est-il bientôt qu'une orthodoxie sèche et grimaçante, qu'un symbolisme conventionnel, qu'un byzantinisme plus ou moins religieux ou philosophique, négation même de l'art. » L'idéaliste ne pouvait se consoler de constater si distinctement le nombril de Pacht et la rotule du genou d'Athor. Moi, je prenais ce malheur très-gaîment, quand notre dissertation fut interrompue. Russell, du *Times*, suivi de son escorte, descendait les marches du temple, piquant droit sur nous. Un gros fusil sur l'épaule, un fusil à deux coups, il expliquait déjà les mystères d'Isis. J'eus crainte, et, me dissimulant derrière une colonne, je m'esquivai.

Esneh a été de tout temps célèbre par les Ghawazies, manière de Bohémiennes, qui prétendent avoir existé depuis l'époque la plus reculée, dansant les mêmes danses qu'aujourd'hui, et avoir donné des leçons aux Gaditaines. Il n'y a pas de *fantasia Kéthir* sans Ghawazies, vraies ou prétendues; de toutes les almées, ce sont les plus expertes à représenter le drame de l'amour physique. Dans un accès de réformisme, Saïd-Pacha, voulant moraliser son peuple, les fit toutes rentrer dans leur centre d'Esneh, et leur ordonna de n'en plus sortir; il est vrai, qu'une de ses résidences à lui, était la même ville d'Esneh. Mort le pacha, morte la réforme, et les Ghawazies se répandirent de nouveau dans le pays. Ne pouvant nous donner de représentations extraordinaires à l'Opéra, le *Moudir* de la province fit aux invités du khédive les honneurs de son corps de ballet, il voulut bien nous convier à une fantasia, qui nous fut donnée en plein air, sur le rivage. Mais soit que nous eussions été blasés déjà par les représentations précédentes, soit qu'on nous eût trop vanté l'étrange beauté et la richesse du costume des Ghawazies, qui portaient, nous disait-on, de vrais diamants sur la gorge, et, dans les cheveux, doublons d'Autriche, ducats de Hongrie, quadruples d'Espagne et sequins d'or, la réalité ne remplit point notre attente. Sur sept danseuses, parmi lesquelles deux ou trois négresses, une seule pouvait passer pour jeune et belle. Son type indou me frappa; à Louxor, à Kesneh, à Minieh, je l'avais déjà remarqué; mais le plus souvent on dirait ces Ghawazies descendues des parois où les ont sculptées les Ptolémées ou les Pharaons. Quoi qu'il en soit, la fête ne manquait pas de caractère. Les fanaux éclairant la scène étaient portés par des gendarmes turcs, et des soldats vêtus de blanc tenaient avec leurs sabres les curieux en respect. Une lune douce et tranquille laissait tomber sur le Nil une rosée d'argent, de hauts palmiers montaient au ciel et leurs branches se fleurissaient d'étoiles. Dans notre cercle, les torches répandaient des ténèbres, en même temps que des lueurs violentes, au milieu desquelles s'agitaient les danseuses, fantasquement vêtues, les unes de robes rouges palmées d'or, les autres de blanc, les autres d'orange à grands dessins. Une bijouterie retentissante accompagnait leurs mouvements, ainsi que des castagnettes criant sous les doigts, les doléances de la guimbarde et les grincements de la tarabouka. La ballerine à tunique pourprée était digne du nom de Ghawazie, mais une vieille sorcière ne faisait pas de moindres merveilles de souplesse et d'agilité. Avec son corps flexible comme une vipère, élastique comme une chèvre, elle claquait des vertèbres comme un serpent à sonnettes. Il y eut un grand moment, alors qu'avançant sur la scène, la jambe en avant, dans une attitude que nous ont conservée les vases grecs, et avec des sons argentins, elles secouaient la volupté des flots de leur chevelure noire, de leur sein ruisselant d'or, de leurs bras, de leurs jambes, frémissant en cadence et couvertes de bracelets sonores. C'était un souvenir du mythe de Bacchus, qui, accompagné de ses bacchantes et panthères, partit pour la conquête du monde.

13 décembre.

Rien de nouveau. Toujours la glorieuse monotonie d'un soleil splendide. Le *Férouch*, glissant sur les eaux tranquilles, rencontre, sur des bancs de sable, des pélicans debout sur une patte et penchés sur leur long bec, dans l'attitude attentive du pêcheur à la ligne. Pour varier, ci et là, des cahutes sous les palmiers et des fellahs puisant de l'eau dans leur sakhié. Je ne me lasse pas encore de ces beaux jours.

14 décembre.

Nous avons visité le temple d'Edfou, dans la fraîche lumière du matin, après une agréable promenade à travers le village et des cultures de doura. Le monument venait d'être complétement déblayé, nous étions, depuis quinze cents ans, des premiers à le voir

propre, frais et coquet, tout neuf pour ainsi dire, déballé de ses
lourdes enveloppes de terre. Je l'ai examiné sous toutes ses
faces, j'ai visité les chapelles, dépôts et magasins, monté les
escaliers et les terrasses, parcouru les galeries et corridors,
intérieurement et extérieurement. Il me plaisait de voir Osiris
porté dans son arche par les génies du jour et de la nuit, du ciel
et de l'enfer, — de voir les combats d'Horus contre Typhon, — il
me plaisait non moins de voir, dans un rayon de soleil, nos hiron-
delles d'Europe pépiant et voletant, fourrant leur petit bec dans
les hiéroglyphes.

—Sans doute, sans doute, pensai-je en regardant Pacht ou Athor,
ces figures sont plus fraîches et grassouillettes qu'elles ne le furent
jadis à Abydos, elles sont moins déesses et plus mortelles ; par contre, Ammon-Ra ne marche plus avec sa terrible verge dressée devant lui en équerre d'un mètre de long. Moins de divin comporte
plus de vérité.

15 décembre.

On nous réveille en sursaut pour nous montrer le temple de
Koum Ombou. Nous nous habillons à la hâte, nous arpentons le
rivage et gravissons la colline. Petit monument, malgré ses
blocs de sept mètres de long gros en proportion ; parvis à demi
enterré, nef renversée avant d'être terminée, le tout est un
charmant bijou de la décadence, signé Ptolémée et Cléopâtre. Le
temps, qui a nuancé les grès de couleurs variées et délicates, est
un grand maître. Plus encore que l'édifice, le paysage me char-
mait de cette éminence, au frais soleil du matin. Les cultures et
le désert s'enchevêtraient par bandes. Une vapeur dorée adoucis-
sait les couleurs jaunes et bleues, d'argent et d'émeraude, qui
jouaient les unes dans les autres. Des canges aux voiles blanches
papillonnaient sur les eaux, un pélican rêveur et mélancolique
s'était ancré tout près à cinquante mètres. J'eus peur un instant ;
mais heureusement aucun fusil n'était en vue.

Un spectacle aussi grand et aussi doux que celui qui se déroulait
devant nos yeux, il n'était point nécessaire, sans doute, d'aller si
loin que Koum Ombou pour le trouver, mais il valait le voyage.
Tout était beau, calme et silencieux. Des îles de palmiers, lieux enchantés, flottaient au milieu des méandres nombreux du Nil et de

ses canaux; la nappe liquide qui s'écoulait, mais d'un mouvement léger — si léger! — simple glissement de molécules lumineuses — faisait penser à la vie, mais à une vie immergée dans une volupté immense et tranquille. Et les retours du fleuve sur lui-même, ses replis de splendeur parlaient de repos infini et de paix profonde.

L'après-midi, nous arrivons à Syène, autrement dit Assouan, lieu d'exil de Juvénal, terme de notre voyage et de celui que fit Hérodote. La première cataracte, formée par le resserrement du Nil entre deux montagnes et par un lit de rochers, se trouve à quelques kilomètres de la ville.

Sitôt débarqué, je m'enfonçai dans les rues, errant, au hasard, de quartier en quartier. Je m'étais fait aux maisons de boue, qui n'étaient plus pour moi le signe d'une abjecte misère. Dans les bazars, dans ces boutiques nichées le long des murailles, le marchand fume, accroupi sur une natte. La nuit venue, le propriétaire ferme ses volets, se drape dans son burnous, et se couche dans la rue ou sur le trottoir, quand il y en a. De cuisine, il n'y en a point, l'homme avale par jour deux ou trois galettes, une poignée de dattes et quelques gorgées d'eau. Pareil train de vie serait à Londres ou à Paris celui du dernier des indigents; en Égypte, c'est celui de tout le monde, qui ne s'en trouve pas plus malheureux. — « Monsieur, me disait avec beaucoup de sagacité Miss Whatley, la missionnaire du Caire, nous ne pourrons jamais espérer d'imposer à l'Égypte notre civilisation, tant que nous ne lui aurons pas imposé nos besoins. » — Avec cette modicité de nourriture, les fellahs sont une forte et belle race, ne travaillant pas pour le plaisir de travailler, cela est vrai, ne faisant rien pendant les trois mois que le pays habitable est un vaste lac, mais exécutant gaîment de longs et pénibles labeurs. Crasseux et chassieux, les enfants sont aussi mal soignés que possible. On prétend que les mères ont le préjugé qu'il ne faut point les laver jusqu'à la septième année, aussi meurent-ils en grand nombre. Mais ceux qui peuvent résister à cette absurde hygiène font ensuite de beaux hommes. Le type de la fellahine me plaît. A travers leur voile qui se dérange toujours un peu, on voit quelquefois des figures charmantes; à travers la simple chemise bleue qui, au moindre mouvement fait comprendre tout le corps, on distingue des membres admirables. Mais ces figures se rident prématurément, ces tailles se déforment par un mariage absurdément précoce.

On ne peut que s'intéresser à la question des races dans une
ville comme Assouan, dans laquelle, outre la race indigène des
fellahs campagnards et des coptes citadins, tant chrétiens que musulmans, outre les Arabes et les Turcs, viennent s'ajouter les Barbarins de la Nubie, les nègres du Sennaar et du Cordofan, les
Abyssins dont je regardais curieusement la tête rectangulaire sous
une pyramide de cheveux. Et quels costumes, quelles guenilles
superbes ! A mesure que l'on remonte vers les pays du soleil, à
mesure que la peau brunit, nos conventions sur la pudeur disparaissent ou se transforment, la nudité gagne de plus en plus. A
Assouan et dans les alentours, les petits enfants roulent dans le
sable et gambadent absolument nus. C'est un plaisir de voir
grouiller la marmaille. Ils portent quelquefois sur la tête une calotte avec des floches bariolées, mais on préfère leur raser les
cheveux en forme de casque, de crête de coq ou de bécassine.
Les garçons vont nus plus longtemps que les filles, qui, à l'âge où
elles sont censées raisonnables, ceignent un costume léger, consistant en un mince cordon de cuir, avec des ficelles qui pendillent entremêlées de ces petites coquilles dites pucelages. Plus
tard, elles portent caleçon, et, quand elles se marient, la chemise
bleue, sans compter l'anneau dans le nez. Les garçons se mettent
au haut de l'oreille des boucles ou des fils de laiton. Dans les petits
enclos autour des habitations, on rencontre quelques pieds de
ricin, dont l'huile est employée par les femmes à s'oindre les
cheveux qu'elles se donnent grand'peine à transformer en une
calotte solide comme du cuir, car telle est la coiffure des élégantes.
Si le fellah d'Egypte est bon enfant, le Nubien est un homme
primitif, au dire de tous ceux qui l'ont pratiqué.

Après avoir visité toute la ville, et même son cimetière, vaste
étendue de sable qui se prolonge indéfiniment dans le désert, et où
l'espace n'est pas mesuré aux morts comme chez nous, un bateau
me transporta dans l'île d'Eléphantine, qui, pour n'avoir que 650
mètres de long sur 200 de large, n'est pas une des moins célèbres
du monde, et fut le siége de la sixième dynastie, du XXXVII<sup>e</sup> au
XXXV<sup>e</sup> siècle avant l'ère chrétienne, pendant le premier empire.
Au fond, les quelques débris d'antiquités qui sortaient ça et là du
sol m'étaient indifférents ; ce qui m'intéressait, c'était de voir le
nombre considérable de familles qui réussissaient à vivre sur un
si petit espace, qui, outre les cultures et diverses cabanes isolées, renfermait encore un petit village. Il faut avoir vu l'île pour

comprendre sa fertilité et la sobriété de ses habitants. Les hiéroglyphes nous représentent Anoukis, déesse d'Eléphantine, avec
une gerbe épanouie.

J'avais fait mon apparition dans l'île avec un journaliste français, grand ami des enfants, qui a toujours pour eux quelques bis-
cuits dans la poche. Quand nous débarquâmes, une bande de
marmots s'enfuit à notre rencontre, mais bientôt, les plus hardis
donnant l'exemple, ils revinrent les uns après les autres, sol-
licitant batchich; bientôt tous s'apprivoisèrent. Moyennant des
sous, je faisais la ribanbelle se jeter dans le Nil et se débar-
bouiller de haut en bas; elle en poussait des cris de joie; sans
doute mon excentricité les amusait plus qu'elle ne leur enseignait
la propreté. Nous avions si bien gagné leur confiance que l'un
d'eux me suivait, ayant fourré tranquillement sa petite main dans
la manche de mon habit, ce qui ne laissait pas que de m'émouvoir
un peu, en me rappelant que j'étais père. Mais, arrivés à notre bateau, devant lequel plusieurs de nos compagnons se tenaient avec
fusils et cravaches, les bambins disparurent en un clin d'œil, s'é-
parpillèrent et s'évanouirent.

16 Décembre.

Le dernier jour était réservé pour une expédition à Philé, après
la cataracte, première station de la Nubie. Nous montâmes à dos
de chameau, jamais je n'en avais encore essayé. J'avais quelques appréhensions du mal de mer, mais je me tirai de l'é-
preuve sans autre accident qu'une bonne courbature. Dès que la
bête se mettait à trottiner, je sautais bon gré, mal gré, sur mon
siége, et pensais tomber de dix pieds de haut. J'avais juste le temps
de décroiser les jambes, de les écarquiller des deux côtés du bât,
et, me raccrochant par les talons à l'animal, je chevauchais avec
l'élégance d'un singe sur un chien. La première épreuve ne m'a
que médiocrement satisfait. Ce que je dis là est au désavantage
du cavalier et non de la monture. Malgré son affection pour
le chamelier et les personnes de la famille, le dromadaire ne
cesse de bougonner contre les uns et les autres. Et après tout,
la pauvre bête en a bien le droit, elle ne comprend pas pourquoi
un quiconque grimpe sur sa bosse et la charge de fardeaux; se
croyant faite pour mieux, elle ne cesse de grogner et grom-
meler contre sa vocation manquée. Toutefois son humeur contre

un monde qui méconnaît ses hautes facultés et ne veut de lui
que comme domestique et portefaix, n'ôte au brave animal aucune de ses précieuses qualités et ne fait pas qu'il soit moins sobre
et endurant, moins réfléchi, sensé et hautement judicieux, qu'il
n'ait une longue patience et une héroïque résignation.

Après avoir cheminé dans le désert, trop longuement pour
moi, avoir traversé mainte ravine et maints amas de rochers
ruinés, ressemblant à des villes détruites et à des décombres de
forteresse, nous rejoignîmes le fleuve, et, traversant un ou deux
villages nubiens, nous arrivâmes à Philé. Paysage unique et
d'une grandeur sauvage, bien fait pour se graver dans la mémoire.
Tordu, gêné, étroitement resserré, le Nil se faufile entre d'énormes effondrements de montagnes et des entassements de blocs
détachés, qui affectent des formes de colosses renversés, de sphinx
épars et de pyramides à gradins. Tantôt rosé ou vert, brun,
jaune ou noir, le roc prend toutes les formes et toutes les couleurs, on dirait des masses de métal sorties d'un volcan et su-
bitement refroidies. Au milieu de cette désolation surgit tout d'un
coup l'île Philé avec ses terrasses se mirant dans le fleuve élargi,
avec ses colonnes, ses pylones et ses délicieux groupes de palmiers verdoyants.

A Philé, j'errai par les ruines, mais ne donnant au temple et
aux bas-reliefs que des regards distraits. — Mon esprit se repor-
tait sans cesse, vers cette contrée d'un caractère si nouveau, ma
vue fouillait l'horizon, comme si elle eût voulu sonder l'intérieur
de l'Afrique. En suivant cette ligne, en marchant toujours sur
les rives de ce fleuve, j'irais vers ces fameuses sources et vers
des contrées dont nul Européen n'est revenu. — Tout à coup, je
fus frappé comme par une secousse électrique, je venais de lire
que l'an VIII de la République, les soldats français poursuivant les
Mameloucks étaient venus jusqu'ici. — Une inscription de la com-
mission géographique m'apprenait que Philé était située à 24° 11,
34" de latitude et 30° 15 de longitude est de Paris.

Quel prodigieux élan, que celui qui a pu lancer des hommes et
des idées depuis le bord de la Seine, jusque dans la Nubie ! et quels
hommes c'étaient ces braves soldats de la République. Chargés
de leurs capotes, de leurs havresacs, de leurs fusils, de leurs
canons, de leurs munitions, ils étaient venus avec leurs mauvais
souliers, à l'endroit où je n'étais pas peu fier d'être arrivé, grâce
aux chemins de fer et aux bateaux à vapeur, grâce aux chameaux,

ânes et chevaux. Un pauvre sot avait essayé de mutiler les mots
de République française. De même en France, on a gratté de nos
monuments les mots de Liberté, d'Egalité, de Fraternité ; de même
les moines avaient couvert, ici à Philé même, maintes images
païennes avec une épaisse couche de boue. Chacun fait ce qu'il
peut, l'un fait la statue, un autre la mutile.

Du haut d'une terrasse, je regardais le monde ambiant quand
j'aperçus un grand mouvement parmi nos voyageurs. Européens
et chrétiens échangeaient des coups au milieu d'Arabes ébahis.
Ce fut une grande affaire, dont on parla longtemps, la voici en
quelques mots : Un anglais, employé à un titre secondaire par le
pacha dans les travaux de fouilles, avait aperçu, portant quelques
effets d'un médecin belge, un indigène qui, paraît-il, aurait dû
être occupé à des travaux de corvée. Sans daigner demander
aucune explication, mon Anglais frappe de son bâton sur la tête
de l'indigène, et son cavas le frappe sur les jambes. Tombé des
nues, le docteur croit avoir à faire à deux brigands, et s'avance
menaçant. On lui répond par un autre geste de menace. Un Français, long, maigre, vole au secours avec un pauvre coup de poing
inoffensif. L'Anglais petit et trapu riposte en pleine poitrine par un
vrai coup de poing, digne de la vieille Angleterre, un coup qui
envoie le chétif jeune homme rouler à dix pas. Cela se passa en
un rien de temps, mais jeta un long froid ; des Anglais prirent
parti pour le Français, des anglomanes pour le boxeur : personne ne se souvint du pauvre Arabe. Au fond de cette triste
affaire, il y avait l'arrogance occidentale en face des nationalités
plus humbles. Ce n'est pas la seule fois que j'ai pu observer
comment en frappant un fellah, le contre-coup retombait sur un
Européen.

Laissant les camarades courir aux antiquités, j'allai m'é-
tendre au bord du Nil sous un mimosa en fleurs et sous l'ombrage embaumé du *somt*, cher à la déesse Athor — arbre qui de
près est aussi élégant et gracieux que de loin il est insignifiant et
maigre. L'esprit ému, pensant à rien et à beaucoup, je m'endor-
mis. La rêverie mène au sommeil. Un poisson sautant me réveilla
et je plongeai dans les ondes sacrées du Nil Nubien, me réchauffant
ensuite aux rayons vivifiants d'Ammon-Ra.

— « Certainement les Egyptiens ont su calculer l'effet de leurs
monuments dans le paysage, » s'écria mon compagnon, celui qui
aimait les enfants, lorsque nous vîmes le soleil dorer de ses feux

obliques les colonnades du temple. Les derniers de la troupe, nous reprîmes le chemin d'Assouan, au clair de lune, trottant haut perchés sur nos dromadaires, à travers les ravins désolés et les rochers ruineux du désert.

Il faisait une nuit brillante, une véritable nuit des tropiques. Je revins solitaire par un bosquet de palmiers, le long du Nil. L'air était tiède, la lumière plus douce encore que brillante, les flots bruissaient légèrement autour de leurs brisants; et de l'île d'Eléphantine se répandait dans l'espace un gémissement sonore et mélancolique, celui des sakkiés qui travaillaient encore, et qui de leurs roues, jamais graissées, émettent des sons tristes et prolongés, plainte éternelle de l'Egypte. Sur la plage, entre la ville et le bateau, j'avisai un banc recouvert d'une natte, je m'y étendis de mon long. Il était adossé contre un tronc énorme qui dans l'onde ambiante apparaissait d'une lueur jaunâtre. C'était un acacia lecber, arbre de nature tout orientale qui personnifie la terre de Misraïm, comme le palmier caractérise l'Arabie. Sa fougueuse sève se dirige au gré d'une molle fantaisie, ses feuilles élégantes et délicatement découpées font ployer les branches puissantes et s'amoncèlent en une masse épaisse et lourde, à laquelle sont suspendues de longues gousses luisantes, qui, dans le sombre feuillage, scintillent comme des perles dorées, comme des constellations nouvelles. Sachant que dès le lendemain matin nous repartirions à toute vapeur pour le Caire, puis pour l'Europe que j'avais totalement perdue de vue depuis plusieurs semaines, je pensais... mais pensais-je? J'emplissais mes regards de tout ce qu'ils pouvaient encore voir, mais regardais-je? . . . . . . . . .
. . . . . . . . . . . . . . . . . . . . . . . . . . . . . . .

Après tout, je pensais ou à peu près, car je me relevai de ma natte avec des conclusions nettes dans le cerveau.

Ce petit pays d'Égypte ne possède en terre cultivable que deux millions et demi d'hectares, la vingtième partie de la France; c'est grand, en réalité, comme quatre ou cinq départements et plus petit que le royaume de Hanovre. Et pourtant quand son gouverneur a quelques démêlés à débrouiller avec le sultan, comme il y en eut en 184., comme il y en a en ce moment, l'Europe est en émoi. Aux plus beaux temps des Pharaons, les cultures nilotiques ne pouvaient pas être beaucoup plus étendues qu'elles ne le sont aujourd'hui. La population qui est maintenant de cinq millions, n'a jamais atteint sept millions qu'à grand'peine; et cependant quels noms que ceux de Thèbes et de Memphis!

La part qu'il faut faire à cette nation, l'aînée de nos civilisations, grandit à mesure que son rôle est mieux connu. Dans nos arts et nos sciences, dans notre religion et notre philosophie, que de choses que nous croyons de notre propre fonds, qui nous viennent de l'Egypte par la Grèce, par l'Etrurie, la Perse, la Crète, la Judée ! Aux Egyptiens comme aux Arabes et aux Hellènes s'applique le magnifique éloge : « Ce sont les plus petits qui ont fait les plus grandes œuvres ! »

Quel sort l'avenir réserve-t-il à l'Égypte? Oserait-on en préjuger par l'importance de son rôle dans le passé?

Ce serait téméraire de l'affirmer, car l'histoire n'aime pas à se répéter. Mais on sort à peine du cercle des bonnes et fortes vérités si appréciées par l'excellent M. de la Palisse, en affirmant que les mêmes causes produisent toujours les mêmes effets, que la situation de l'Egypte a fait son importance, et que la géographie ne changera guère. Nous venons d'assister à l'inauguration du canal maritime qui met Suez à moitié route entre Paris, Londres, Bombay, Calcutta, Sidney. Depuis le commencement du siècle, Alexandrie et le Caire ont augmenté énormément en population et augmentent tous les jours. Hier, le Caire était la vraie ville des *Mille et une Nuits.* Aujourd'hui, on voit encore les boutiques du barbier et du tailleur, la cahute du pêcheur, mais déjà on ouvre de larges chaussées rectilignes à travers les ruelles et les boutiques, à travers les jardins et les mosquées. Le Caire se reconstruit et ne peut faire autrement. Et dans vingt ans, dans dix ans peut-être, ce sera une grande ville à demi-européenne. Qu'ils se hâtent, les amateurs du pittoresque, les fervents de l'art arabe, qu'ils visitent vite ce qui n'est pas encore tombé, ce qui n'est pas encore renversé. Bientôt, elle ne sera plus qu'un vain souvenir, cette cité curieuse qui nous conserve tout vivant le moyen-âge des sultans et califes, des Saladin et Nourheddin, et qui, par contre-coup, nous explique notre propre moyen-âge chrétien.

La position de l'Egypte entre deux mers et trois parties du monde lui donnera toujours une importance capitale. Mais qui peut prophétiser l'avenir de l'Egypte, puisqu'on ignore même son passé? Les spécialistes s'accordent à dire qu'ils n'en savent que les premiers mots. Ils hésitent à lui assigner une durée de quarante ou de cinquante siècles. Entre leurs mains, ils tiennent la clef qui ouvre les sceaux du livre des mystères, mais ils n'ont pas encore eu le temps de le lire. Non moins obscure est la situation actuelle.

Quelques initiés la connaissent plus ou moins; mais, comme l'Harpocrate des hiéroglyphes, ils se taisent, un doigt dans la bouche, et le sucent diligemment. Tous les fonctionnaires que j'ai pu interroger, je les ai trouvés d'une discrétion à toute épreuve, celle de l'ignorance.

En débarquant ici, je croyais comme tout le monde, que l'Egypte en était encore au temps de Joseph et des Pharaons, et que, confisquée par Méhémet-Ali, en 1808 (sauf les biens *Wakouf*, ou de main morte appartenant aux mosquées), la propriété foncière, restait confisquée entre les mains de ses successeurs. Cela n'est pas. Le pacha actuel est le grand propriétaire du pays, le fabricant par excellence; il jouit d'énormes monopoles; mais de fait et de droit il n'est aujourd'hui ni le seul fabricant, ni le seul propriétaire. Après la réforme partielle, effectuée en Turquie dans l'année 1856, Saïd Pacha, dépassant son suzerain, opéra en 1858, une révolution légale, reconnaissant aux fellahs et à certains détenteurs de biens féodaux, princes du sang, favoris, héritiers et successeurs des Mameloucks, la propriété du sol qu'ils cultivaient ou détenaient, et par conséquent le droit de transmettre les biens fonds en héritage, de les vendre et de les engager. La transmission héréditaire fut même reconnue aux fellahs qui occupaient les terres *Mirieh* ou appartenant à l'État, aussi bien pour les femmes que pour les héritiers mâles, à charge seulement de payer l'impôt. Les sous-locations furent licites et aussi la mise en commun des cultures, mais pour un terme n'excédant pas trois années, et moyennant l'agrément de l'autorité locale. Méhémet-Ali avait déjà enlevé aux mosquées la plupart de leurs biens de main-morte, se chargeant d'entretenir lui-même les imans, les hôpitaux et les écoles. Ces dispositions furent maintenues et même étendues par Saïd, qui révoqua les donations de terrains arabes faites depuis aux mosquées et les remit aux occupants. Cependant il n'osa toucher qu'aux terrains de culture, prétendant ignorer ceux des villes, de sorte que les biens frappés de main morte sont encore nombreux en Égypte. On cite le Wakouf de Karenem comme possédant d'énormes revenus.

Ce fut un immense changement qui mérita d'autant mieux le nom de révolution que le droit d'hypothèque est tout à fait contraire aux maximes de la *Chérieh*, droit ecclésiastique, fondé sur le Coran et la *Sunna* ou tradition, qui ont toujours force de loi, et qui ont pour représentants les *cadis* ou juges religieux;

tandis que les tribunaux de création politique, civile et commerciale s'appellent *divans* ou *medjlis*. Ces derniers prennent et doivent prendre tous les jours une importance plus haute ; car c'est par leur intermédiaire, que l'industrialisme européen et les conditions sociales modernes acquièrent existence gale. Mais leur divergence avec les tribunaux religieux ne peut que s'accroître et prendre le caractère de l'hostilité. Ainsi le Code de commerce ottoman, adoptant les principes du Code français, a dû se passer de l'approbation des *mouftis*, qui lui ont refusé net un certificat d'orthodoxie ; et, privée de l'approbation religieuse, la nouvelle loi est naturellement sans autorité auprès des cadis qui ne la reconnaissent même pas. Cela promet des complications. L'édit de Saïd constitua la liberté de commerce ; les spéculateurs européens purent désormais se fixer et s'implanter dans le sol comme propriétaires, droit que les Anglais ne possèdent pas encore dans tout leur empire de l'Inde. Cette loi tend à la pénétration pacifique des deux races l'une par l'autre, au mariage des deux civilisations. Elle a largement contribué aux progrès matériels de l'Égypte, qu'on aurait tort de n'attribuer qu'à la vente des cotons pendant la guerre américaine. Elle lui a permis de supporter la récente épizootie qui, d'un coup, avait enlevé presque tous les bestiaux.

Quant aux fellahs, pour apprécier la modification introduite dans leur sort, il faut les comparer aux paysans de Turquie, que la loi de 1856 a, jusqu'à un certain point, soustraits à l'arbitraire des grands et petits fiefs féodaux, les *Zimmets* et les *Timars*, mais auxquels, même sous le nouveau système, il est interdit de bâtir ni de planter. Ils ne peuvent rien innover, rien améliorer, de peur de créer une propriété étrangère sur le sol appartenant au prince. Cette valeur additionnelle, le fellah pourra la créer, il acquerra la plus-value ou partie de la plus-value donnée au sol par son travail, et, devenant propriétaire, il s'émancipera dans l'exacte mesure suivant laquelle la propriété peut émanciper la personne. Le droit d'expropriation reste entier dans les cas d'utilité publique et moyennant indemnité.

Ce n'est pas qu'on puisse chanter victoire, et penser que tout est bien en Égypte dans le meilleur des mondes. Pratique et théorie sont deux. Le gouvernement est assez absolu pour se passer toutes les fantaisies, même celle de se constituer en quasi parlementarisme au moyen d'une espèce d'assemblée des notables. Cela

ne tire pas à conséquence; ce n'est qu'une passementerie constitutionnelle que le khédive a fait coudre à son manteau de pourpre.
Ce qu'un despotisme intelligent a pu octroyer, un despotisme inintelligent peut toujours le reprendre. Les statuts qui réglementaient,
c'est-à-dire qui supprimaient la liberté d'aller et de venir du fellah,
n'ont été modifiés qu'en partie. Le fellah n'est plus, à la vérité, le
serf de la glèbe, mais il est resté le serf de l'impôt. Des lois l'empêchent de quitter des terres imposées pour une terre non imposée. Or, les terres non imposées ne sont pas encore sous culture,
de sorte, que, pour assurer la perception de l'impôt, on empêche
la matière imposable de s'accroître.

Du produit de toute terre cultivée, deux parts sont toujours
faites, l'une pour le producteur local et spécial, l'autre pour l'État,
ou l'ensemble des producteurs. Le tout est de faire équitablement
les deux parts, de proportionner le revenu collectif à l'ensemble
des revenus particuliers. L'inique impôt d'Égypte est passé en
proverbe. Il est de 25 francs par tête, de 125 par famille. Celui
d'Italie n'est pas plus considérable, 27 francs par tête, 135 par famille. Mais ce n'est là que le chiffre brut de l'impôt. Ce qu'il importerait de savoir, c'est la proportion de l'impôt au revenu. Si l'Égyptien paie 25 francs d'impôt sur un revenu de 100 francs, et si
l'Italien paie 25 francs sur 1,000 francs, les deux impôts ne sont
point égaux; l'un est dix fois plus lourd que l'autre. En réalité,
il l'est bien davantage, car il n'est pas de comparaison entre un
impôt qu'on paie sur le nécessaire et un impôt sur le superflu;
il n'est pas de comparaison entre un impôt de 50 francs payés à
la porte de Paris, sur une barrique de mauvais vin ayant coûté
25 francs, et 50 autres francs payés sur une barrique de 500 francs.
Le Français paie un septième environ de son revenu au gouvernement, l'Anglais n'en paie que le neuvième; suivant la loi des carrés inverses, c'est comme si l'Anglais payait 49 quand le Français
paie 81. A ce compte, l'impôt payé par le fellah est vraiment
énorme. N'étaient la sobriété fabuleuse, la gaîté vraiment inaltérable de cette vivace population, n'était le plus beau ciel du
monde, et la miraculeuse fertilité du limon nilotique, la misère serait affreuse et, depuis longtemps, elle eût été absolument insupportable.

Une propriété vaut ses revenus. Pour être plus exact, disons
que toute propriété vaut à son détenteur les revenus qu'il en tire,
moins la part qu'il est obligé de laisser à l'État. — Or, nous avons

appris, par hasard, d'un maître d'école, à Kesneh, qu'un bon hectare autour de la ville se vend 250 francs. Cette somme représente
exactement la valeur que le cultivateur, autour de Kesneh, attache
à sa pièce de terre. Ces 250 francs mesurent la réforme de Saïd,
sous le gouvernement d'Ismaïl. C'est quelque chose [1], mais ce
n'est pas encore beaucoup. En France, où une terre aussi fertile
et aussi bien située se vendrait vingt fois davantage, la nue-propriété du sol aurait pour le paysan une valeur vingtuple que pour
le fellah.

L'impôt est lourd — au moins si le fardeau était également réparti ! — Mais comment peut-il être distribué avec équité, puisque
la fixation en est laissée à l'arbitraire? Les cheiks déterminent la
quotité à payer —en réalité d'après leur bon plaisir—et censément
suivant les facilités d'irrigation. Plus un terrain reçoit d'eau, plus
il est imposé. C'est, en définitive, le Nil qui doit tout payer. Puisque
tout dépend du fleuve, tout dépend de ses caprices, heureusement
assez rares. Les crues ne sont pas identiques chaque année, ne visitent pas toujours les mêmes endroits, n'y séjournent pas un
temps égal. Des inégalités de hauteur, inappréciables à l'œil nu,
produisent dans les récoltes des inégalités très-appréciables. En
Égypte, comme ailleurs, le seul impôt équitable et qui devrait être
unique, par conséquent, est l'impôt sur le revenu net, mais il n'en
est pas encore question. A peine si on ose en discuter la possibilité pour la France.

Ajoutons, à propos de l'égalité de répartition, que les étrangers (dont le nombre et la richesse augmentent toujours) sont,
en vertu de leurs capitulations, exempts de toute espèce de tribut, — ils constituent déjà une classe privilégiée, comme l'étaient avant la révolution française, les nobles et prélats. « Le
pauvre paie, le riche ne paie pas, » telle est la grande formule de
toute économie politique. Par une contradiction singulière, les
deux extrêmes sont ici réunis : l'individualisme à outrance, le
gouvernementalisme à outrance. La ville d'Alexandrie, par
laquelle notre civilisation s'importe en Egypte, n'est point une
cité, à proprement parler, mais une aggrégation d'individus,
issus de toutes les nationalités, et jetés là pêle-mêle ; divers
courants commerciaux aboutissent au même point, y déterminent un remous, au fond duquel les sédiments s'amassent dans des

[1] Ne pas perdre de vue qu'un franc a bien plus d'importance à Kesneh, qu'il n'en aurait au Caire ou à Paris.

alluvions, mi-solides, mi-liquides. Au bout de quelque temps, il se produit un tassement, les éléments se fixent, les spéculateurs se transforment en négociants et les aventuriers en citoyens. Ceux qui ont maintenant le loisir de penser au lendemain et ont quelque intérêt permanent dans la ville et ne sont pas de simples oiseaux de passage. seraient enchantés de payer un petit impôt permettant d'accomplir les améliorations les plus urgentes et les plus indispensables, d'installer une bonne petite autorité municipale, abolissant d'office les abus les plus criants ; car les efforts individuels se brisent contre des obstacles inintelligents, et les libéralités et le dévouement de quelques hommes généreux pour la fondation d'écoles et la dotation d'hôpitaux, ne peuvent jamais aller bien loin. Ils voudraient doter leur ville d'un bon impôt municipal, mais n'y peuvent parvenir. C'est ainsi que, suivant la manière dont on l'applique, l'impôt peut être, soit un bienfait, soit un fléau public.

En Abyssinie, le berger rogne, nous dit-on, son souper dans le dos d'un bœuf vivant. De même, suivant l'antique théorie, les gouvernants taillaient dans la chair vive du contribuable. Nous savons mieux aujourd'hui ; nous savons qu'il est plus lucratif d'entretenir un bœuf à son maximum de force et de santé pour lui demander ensuite le maximum de travail. Le fellah est, hélas ! un bœuf-laboureur, nos paysans aussi. Les citoyens ne seront jamais que de maigres et piteux contribuables si l'État touche à leur nécessaire. Tout le nécessaire, et même un peu au-delà, devrait être sacré au gouvernement, qui ne devrait y toucher ; car il n'y a de richesse publique que celle qui se compose de l'aisance de tous. Mais comme on est loin de cet idéal de l'impôt en Égypte et ailleurs !

Notons cependant une amélioration réelle. Naguère, l'impôt se payait en nature dans les campagnes nilotiques, maintenant il peut se payer en espèces. Naguère, le laboureur ne vendait sa récolte qu'après avoir payé les contributions, aujourd'hui il vend sa récolte afin de payer les contributions. Cela peut sembler un mince avantage à nos contribuables européens, qui ont oublié la misère des serfs, leurs ancêtres, mais c'est une grande réforme en Egypte. Cette réforme, de même que la notable diminution du service militaire, suffirait peut-être pour expliquer les bénédictions qu'à notre étonnement, nous avons entendu ces fellahs, incorrigibles de gaîté et de gratitude, chanter à Menfalout en l'honneur du pacha Ismaïl, de sa mère, de son père et de son grand-père.

L'impôt est mal réparti, donc la propriété est mal répartie. Chaque village possède un bien communal, appelé *zimma,* et qui comprend souvent de grandes étendues de terre. Il n'est pas rare de voir des communes avec peu de bras et beaucoup de terrains à côté de populations avec peu de terrains et beaucoup de bras. Entre parenthèse, il serait urgent de dresser un cadastre.

Comment la pratique répondrait-elle à la théorie, quand il n'y a pas d'organisation judiciaire pour appliquer les lois? Tout litige se décide, avec ou sans accompagnement de bastonnade, par un arbitraire quelconque, soit par l'arbitraire du juge religieux, le caïd, soit par l'arbitraire des autorités politiques, de Son Altesse le Khédive pour commencer, puis de Leurs Excellences les *beys,* puis des *moudirs,* gouverneurs de province, puis des *nazirs* ou sous-gouverneurs de district, puis des *cheiks el beled,* maîtres de la ville? De bonnes lois, on n'en manque pas pour les opposer aux mauvaises, c'est l'application qui fait défaut. La loi *Chérieh,* en vigueur en Egypte, en Turquie, dans la majeure partie des pays musulmans, dépend du rit *Hanéfite,* le plus large, le plus libéral et aussi le plus vague des rits islamites, dont les deux autres sont le *Melkite,* adopté dans le Magreb, et le *Chafeih,* dans l'Inde. Il s'agit de la débouter et de la remplacer entièrement par la loi civile. Ce n'est pas que cette chérieh soit toujours mauvaise, — au contraire, — elle est empreinte d'une haute mansuétude, d'une sereine bienveillance pour tous, d'une large équité qui fait honneur, certes, au génie de l'Islam, mais elle a vieilli par ses formes, elle ne cadre plus avec nos rubriques actuelles ; et notre monde moderne, essentiellement politique et profane, séculariste jusqu'à la moelle de ses os, ne peut pas, ne doit pas accepter un tribunal religieux, une justice se rendant au nom de Mahomet.

L'Egypte est dépourvue, non-seulement d'une organisation judiciaire digne de ce nom, mais encore d'un état civil. On ne sait pas qui naît et qui meurt ; on ne sait pas même au juste la quotité de la population. Or l'état civil est le fondement de tout progrès civil, car la plus haute des sciences est celle de la vie humaine, et l'étude de la démographie nous importe autant que la production des richesses. Mieux vaut encore gaspiller des écus que des hommes, perdre du blé et du drap que les producteurs du drap et du blé, ou que les enfants qui deviendraient plus tard ouvriers ou laboureurs. — Le dernier recensement, celui de 1846, donnait une population de 4,460,000 individus. Depuis les états de l'intendance, tenus tellement quellement, accusent un excédant des naissances sur les décès de 378,000, jusqu'à la fin de 1865, ce ne serait pas même 20,000 par an, soit 1 naissance en plus sur 250 individus. La population évaluée à 4,850,000 fin 1866, est portée à 5 millions aujourd'hui. Mais des évaluations en l'air ne suffisent plus. Il faut que chaque Egyptien trouve enfin sa place dans le grand livre national de la vie et de la mort [1].

Et que dire de la civilisation telle qu'elle s'opère par l'immigration étrangère ! C'est une vraie *mameloukerie* que celle de nos Allemands, Grecs, Italiens, Français, Anglais, qui d'Alexandrie se déversent sur le Caire, et de là dans l'intérieur. Alexandrie se compose d'Européens pour la moitié, le Caire pour la sixième partie. Ils occupent les hautes positions, à l'exclusion absolue des indigènes. Méhémet Ali était un soldat de fortune venu de l'Albanie, une espèce d'Arnaute, qui s'est fait civilisateur à la façon de Pierre le Grand ; de brigand il est devenu grand homme d'Etat. La famille régnante, étrangère elle-même, s'entoure d'étrangers qui détiennent les postes de confiance ; ils commandent aux Turcs, qui commandent aux Coptes, qui commandent aux fellahs. C'est donc l'immigration étrangère qui donne le ton et quel ton ! — C'est elle qui est responsable de l'administration, et quelle administration ! — Comme toutes les immigrations, elle se compose pour les trois centièmes de ce qu'il y avait de mieux dans leur pays, et pour les nonante-sept autres centièmes, de ce qu'il y avait de pire, de plus vil et corrompu. C'est parmi eux une maxime, que celui-là est un fier imbécile, qui, occupant un haut emploi, n'a pas fait sa fortune en moins de dix ans. Ils pillent princièrement, volent royalement, ils tondent le mouton, puis l'écorchent et le bâtonnent quand il bêle. — C'est, disent-ils, la faute du fellah, qui est incapable de se gouverner lui-même, et qui prend plaisir à être battu. Ceux qui crient le plus haut et le plus fort contre l'immoralité des fonctionnaires, sont peut-être les plus méprisables de tous, — souillés de boue, ils en aspergent les autres, pour qu'on ne remarque pas la fange sur leur visage et leurs vêtements. — Les plus capables sont encore

---

[1] La plupart des renseignements ci-dessus, ont été puisés dans le mémoire sur la propriété foncière par Colucci Bey, et dans celui par M. Gatteschi, insérés dans le *Bulletin de l'Institut Egyptien*, 1866-1869.

les plus honnêtes et aussi les plus discrets sur le compte de leurs collègues, qui ne peuvent pas leur pardonner leur honnêteté exceptionnelle aggravée de générosité. Et tous ces étrangers grands et petits sont au-dessus de la loi, les uns en vertu de la faveur du prince, les autres en vertu des capitulations. — Tout ce qu'ils peuvent leur est permis. Ils enflent leurs factures, trompent sur la nature et la qualité de la marchandise, ils font banqueroute et prétendent se faire indemniser. Un spéculateur entend qu'on a l'intention de faire passer une large voie à travers certaines rues d'Alexandrie — vite, il achète à tort et à travers tous les immeubles y situés. — Il apprend ensuite que le projet est abandonné — vite il présente un mémoire réclamant le transfert au gouvernement des immeubles acquis, plus un bénéfice légitime. Le mémoire est présenté par son consul, le consul parle haut et ferme, et le spéculateur finit par gagner cinq cent mille francs. — Un négociant rapporte du Japon des graines de vers-à-soie — il les a achetés trop tard, et voilà que sur le trajet de Suez à Alexandrie, la semence éclot dans les caisses...... Cargaison perdue. Arrive le négociant, et assisté de son consul, toujours parlant haut et ferme : « Votre Altesse ne peut s'empêcher de reconnaître que si les papillons ont éclos trop tôt, la faute en est au climat de l'Égypte.... Il est donc juste que vous nous indemnisiez de ce que l'Égypte nous fait perdre. » Et devant la ferme attitude du consul, le Khédive, qui n'aime pas les discussions, paye les cinq cent mille francs. La situation est caractérisée par le mot de Saïd auquel un négociant étranger venait d'être présenté. Ils causaient ensemble sur un balcon, l'étranger tête nue : « Couvrez-vous donc ! lui dit le pacha. » — Votre Altesse, je n'oserai. » — « Couvrez-vous donc ! vous prendriez froid et me réclameriez par votre consul cinq cent mille francs d'indemnité. »

Il est question aujourd'hui, non point d'abolir ces pouvoirs extraordinaires, mais de diminuer un peu l'importance de ces consuls, agissant tous à l'instar de petits pachas, nommés, qui par l'Angleterre, qui par la Grèce, qui par l'Autriche, comme le grand pacha lui-même n'est que le délégué de la Sublime-Porte. — Il s'agirait de rendre possible l'action de la justice, par la suppression de ces 12 ou 15 justices spéciales, agissant concurremment et contrairement les unes aux autres. Une affaire est rarement simple, n'impliquant qu'un débat entre gens de la même nation, entre Anglais et Anglais, par exemple ; le plus souvent Grecs, Italiens,

Français, Américains entrent à titres divers dans une même cause — ça fait un embrouillement de juridictions et de législations inimaginable, surtout en matière commerciale. Si, par hasard, il prend fantaisie à un des nationaux d'en appeler de la sentence consulaire aux tribunaux de son pays, l'affaire est réellement interminable. Mieux vaut pas de justice du tout qu'une justice qu'on n'obtient pas, mais qui coûte grand'peine, grand temps et grand argent. On peut même se passer beaucoup plus aisément de justice officielle qu'on ne se l'imagine dans nos pays routiniers d'Europe. A preuve Alexandrie. Tandis que le quartier arabe, avec ses quelques kawas égyptiens, est tolérablement sûr, vous ne pouvez traverser les rues du quartier franc sans un révolver dans les poches. La place élégante est tolérablement éclairée, je ne sais aux frais de qui, mais les rues immédiatement avoisinantes n'ont d'autre illumination que celle des boutiques de barbier, de cafés borgnes qu chantent et de quelques mauvais lieux. On recommande aux gens las de la vie et bien vêtus, de s'y promener vers onze heures du soir. Lors de mon passage, il y avait eu un ou deux assassinats dans la quinzaine, et à onze heures du matin un homme avait été attaqué en pleine place des Consulats, comme qui dirait à Paris sur la place du Palais-Royal. Notre homme est secouru, il empoigne le voleur, et le mène à la municipalité, située à cent pas. — Le chef de la police prend livraison du malfaiteur, et dit au volé : « Vous êtes étranger, n'est-ce pas? — Oui. — Si vous n'étiez pas ignorant des coutumes, vous n'eussiez pas pris la peine d'arrêter ce chenapan, qui est un Grec, et que son consul va immédiatement réclamer et remettre en liberté. Et comptez-vous rester longtemps? — Non, je compte partir ce soir. — Oh! tant mieux, tant mieux. J'eusse été obligé de vous donner une garde vous accompagnant dans toutes vos allées et venues; sans cela, les amis et camarades de ce Grec n'eussent pas tardé à vous faire un mauvais parti. Vous ne sauriez croire comment un coup de couteau dans le dos se donne facilement ici. » — Eh bien ! malgré tout, on vit à Alexandrie à peu près comme ailleurs, on s'accoutume aux banqueroutiers, aux filous et assassins, comme on s'accoutume aux fièvres, aux moustiques, aux puces et punaises, on prend certaines précautions, et on se fie pour le reste à la bonne Providence.

Depuis deux ans le Khédive s'occupe de faire cesser cet état de choses déshonorant et injurieux pour tout le monde. On a objecté que les Européens ne pouvaient pas se fier à la justice

musulmane et à une magistrature notoirement corrompue — à cela, le Khédive a répondu, que les tribunaux d'appel de cassation et ceux de première instance, dans les villes de commerce, seraient composés en majorité de juges pris dans les diverses nationalités européennes. On dit que la réforme va enfin s'accomplir [1].

Avec l'abolition de la juridiction consulaire, l'action sur l'Egypte de l'immigration étrangère se moralisera certainement, mais non point tout d'un coup. Nous aurons longtemps des Babour Beys, des ingénieurs Mamamouchis, des Coton Effendis, des Pacotille et Mauvaise Quincaillerie Sahibs. Méhémet Ali, après avoir égorgé ses janissaires traîtreusement et pour le bien général, les avait remplacés par des *aghas* de l'industrialisme, et des janissaires de la banqueroute. Tout compte fait, on doit préférer les seconds aux premiers, mais sans les respecter davantage. Tandis que les premiers pillaient et fusillaient, bâtonnaient et cravachaient, les seconds donnent pour de bon argent de la mauvaise marchandise, c'est au moins ça. La concurrence fera que peu à peu les affaires deviendront moins bonnes, c'est-à-dire que pour du bon argent il faudra donner aussi de la bonne marchandise.

Le commerce se moralisera certainement, par lui-même; mais, en attendant, il exerce une influence démoralisante. On s'étonne du luxe déployé par la colonie européenne et levantine. C'est qu'il faut à tout prix de la respectabilité et que la respectabilité s'achète moyennant finance; on en a tant qu'on en veut, seulement elle coûte cher. La richesse devient une garantie, d'après la maxime que les mouches repues sont moins avides que les affamées. Un banquier concessionnaire des fournitures pour l'armée, ne perdra pas volontiers à de petites larronneries et friponneries, un temps précieux aux gros brigandages. Dès qu'un banqueroutier est solidement établi par deux ou trois bonnes banqueroutes de plusieurs millions, les petites gens peuvent lui confier, sans trop de crainte, leurs petits billets de mille francs.

Voilà pourquoi il faut afficher la richesse, et à son défaut au moins la dépense — et voilà pourquoi la vie dans un certain monde

<hr>

[1] Aujourd'hui 15 avril 1870, quatre mois plus tard, ce projet de réforme est agréé en substance par les gouvernements d'Europe et des États-Unis; mais le sultan turc, en tant que suzerain de l'Égypte, refuse de ratifier la clause portant que la majorité des tribunaux doit être composée d'étrangers, c'est-à-dire d'infidèles.

du moins, est devenue promptement si chère. A l'exemple des dames qui, ne pouvant se faire belles, se font élégantes, la société européenne se fait riche en attendant qu'elle se fasse honnête.

Ce qui se passe au Caire et à Alexandrie se voit aussi dans toutes les autres villes nouvelles, qu'il s'agisse de San Francisco ou de Hongkong, de Sidney ou d'Ismaïlia. Les premiers arrivants exploitent à outrance ; les premiers commerçants et industriels sont une manière de flibustiers ; mais peu à peu les éléments se tassent et s'organisent, l'ordre apparaît, l'exploitation passe au travail, et les fils, beaucoup moins énergiques et audacieux que leurs pères, sont plus justes et plus honnêtes. De tout temps les brigands ont été de grands fondateurs de cités : quand ils ont organisé la ville, ils pendent les camarades nouveau venus.

Au premier abord, il semblerait on ne peut plus facile d'étudier à fond l'Egypte, qui n'est autre chose que les bords et les alluvions d'un fleuve. A partir du Delta, si on voulait regarder constamment de droite et de gauche, si on voulait scruter avec une longue-vue les replis de terrain compris dans la déchirure entre les deux chaînes de montagnes, on pourrait voir la totalité du domaine, compter un à un tous les hameaux, bourgs et villages. Pour ce qui me concerne, j'ai regardé les figures dans le blanc des yeux, je ne me suis pas privé de jeter un coup-d'œil à travers toute porte entr'ouverte. J'ai fait, je crois, tout ce que peut faire un simple touriste, curieux d'antiquités et amateur d'archéologie et de statistique. Que cela est peu ! Ne sachant ni la langue des Pharaons, ni celle des fellahs, j'ai fait, dans les deux Egyptes, celle du présent et du passé, le voyage que ferait un sourd-muet ne sachant ni lire ni écrire. Je n'ai vu que les apparences, je n'ai pu aller jusqu'aux réalités. J'aurais voulu en apprendre long sur la situation économique et financière, connaître tant le budget du fellah que celui du khédive ; mais le bagage que je rapporte est des plus minces. Toutefois, j'ai pu deviner combien serait intéressante une monographie à fond sur ce pays. Mais il faudrait se fixer dans quelque village, y rester des mois, des années peut-être, il faudrait posséder la langue du peuple. Je quitte l'Egypte comme un mineur quitterait les placers de l'Australie ou de la Californie, ayant touché l'or, en rapportant peut-être quelques grains de poussière, mais abandonnant de gros noyaux dans la gangue. Que de trouvailles pour les chercheurs qui viendront !

Ce n'est pas que je me plaigne, ce n'est pas que je regrette.

D'autres feront mieux, mais je ne sais s'ils jouiront davantage. S'orienter du haut de la grande pyramide, regarder le sphinx en face, contempler stupéfait les énormes sépulcres des dieux Apis, flâner aux fraîches heures du matin dans un bois de palmiers, s'endormir dans la splendide monotonie du Nil, les jours les plus beaux succédant aux plus beaux des jours, c'est un de ces bonheurs qu'on n'a qu'une fois. Semblable à la fellahine qui se couvre obstinément d'un masque noir, l'Egypte contemporaine m'a caché son visage. C'est à peine si j'ai pu apercevoir par instant des yeux qui brillent, et les beaux mouvements d'un corps flexible et souple, aux chairs humides et luisantes, couleur du limon nilotique. Et sa mère, l'antique Isis, reste toujours enveloppée des voiles qu'aucun mortel n'a encore soulevés. Mais heureux qui a baisé la frange de sa robe, qui a été illuminé par son sourire; heureux celui qu'elle a regardé de son œil de vache, rêveur, doux et profond !